DAS KOMPLETTE BUCH GETREIDEFREIER MITTAGESSEN

100 nährstoffreiche, getreidefreie Gerichte für eine strahlende Gesundheit

Ute Martin

Urheberrechtliches Material ©202 3

Alle Rechte vorbehalten

Ohne die entsprechende schriftliche Zustimmung des Herausgebers und Urheberrechtsinhabers darf dieses Buch in keiner Weise, Form oder Form verwendet oder verbreitet werden, mit Ausnahme von kurzen Zitaten, die in einer Rezension verwendet werden. Dieses Buch sollte nicht als Ersatz für medizinische, rechtliche oder andere professionelle Beratung betrachtet werden.

INHALTSVERZEICHNIS

INHALTSVERZEICHNIS 3
EINFÜHRUNG 6
FRÜHSTÜCK 7
   1. Basilikum-Tomaten-Frittata 8
   2. Kokosnussbrot 10
   3. Chia-Spinat-Pfannkuchen 12
   4. Oliven-Käse-Omelett 14
   5. Feta-Grünkohl-Frittata 16
   6. Frische Beerenmuffins 18
   7. Käse-Zucchini-Aubergine 20
   8. Brokkoli-Nuggets 22
   9. Blumenkohl-Frittata 24
  10. Kokos-Grünkohl-Muffins 26
  11. Protein-Muffins 28
  12. Gesunde Waffeln 30
  13. Käse-Mandel-Pfannkuchen 32
  14. Gemüsequiche 34
  15. Kürbismuffins 36
  16. Nussmilch und Milchkännchen 38
  17. Apfelkuchen Cluster 40
  18. Müsli 42

MARMELADEN 44
  19. Aprikose/Pfirsich/Ananas 45
  20. Erdbeere/Kirsche 47
  21. Blaubeere/Pflaume 49
  22. Rohes Apfelmus 51
  23. Würziges (fermentiertes) Fruchtchutney 53
  24. Cranberry-Kirschsauce 55

SNACKS 57
  25. Herzhafte Buttercracker 58
  26. Gemüsesamen-Cracker 60
  27. Apfelwein-Paleo-Donuts 63
  28. Matcha-Cashew-Becher 65
  29. Ahorn-Pekannuss-Fat-Bomb-Riegel 67
  30. Blumenkohl - Vorspeisen 69

31.	Süßkartoffel-Toast	71
32.	Fruchtbällchen in Bourbon	73

FLEISCH-HAUPTSPEISEN 75

33.	Balsamico-Rindfleisch-Pilz-Mischung	76
34.	Oregano-Schweinefleischmischung	78
35.	Einfacher Rinderbraten	80
36.	Schweinefleisch und Paprika-Chili	82
37.	Süßkartoffel-Speckbrei	84
38.	Mit Prosciutto umwickelte Mozzarella-Kugeln	86
39.	Bulgur-Lammfleischbällchen	88
40.	Hummus mit Lammhackfleisch	90
41.	Mit Lammfleisch gefüllte Avocado	92
42.	Gebackene Rindfleisch-Zucchini	94
43.	Kreuzkümmel-Limetten-Steak	96
44.	Geschmorter Grünkohl in Erdnusssauce	98
45.	Proteinreicher Chipotle-Cheddar-Quesadilla	100
46.	Rind-Hähnchen-Fleischbällchen-Auflauf	102
47.	Zitronen-Bratkartoffeln	104
48.	Italienischer Hähnchenauflauf	106
49.	Magere und grüne knusprige Hühnchen-Tacos	108
50.	Hähnchen - Puten- Hackbraten	110
51.	Zitronen-Knoblauch-Oregano-Hähnchen mit Spargel	112
52.	Hühnchen-Kokosnuss-Poppers	114
53.	Margherita-Pizza mit Hähnchenkruste	116
54.	Huhn Stir Fry	118
55.	Griechische Insel-Hühnchen-Schaschliks	120
56.	Chicken Kabobs Mexicana	122
57.	Sommerliche Hähnchenburger	124
58.	Garnelen mit Knoblauch	126
59.	Moules Marinieres	128
60.	Gedämpfte Muscheln mit Kokos-Curry	130
61.	Thunfisch Nudel Auflauf	132
62.	Lachsburger	134
63.	Gebratene Jakobsmuscheln	136
64.	Schwarzer Kabeljau	138
65.	Mit Miso glasierter Lachs	140

GEMÜSESPEISEN 142

66.	Zucchini-Pasta mit Basilikumpesto	143
67.	Brokkoli und Tomaten	145

68.	Zucchini-Fettuccine mit mexikanischem Taco	147
69.	Grüne Bohnen	149
70.	Pilzcreme-Satay	151
71.	Linsen-Hamburger mit Karotten	153
72.	Gebratene Süßkartoffeln mit Parmesan	155
73.	Blumenkohlbündel mit Rosmarinduft	157
74.	Pesto-Zucchini-Nudeln	159
75.	Ahorn-Zitronen-Tempeh-Würfel	161
76.	Rucola-Süßkartoffel-Salat	163
77.	Rindfleisch mit Brokkoli oder Blumenkohlreis	165
78.	Hühner-Zucchini-Nudeln	167
79.	Slow Cooker Spaghetti	169
80.	Rindfleisch Lo Mein	171

SUPPE UND EINTOPF 173

81.	Gebratene Tomatensuppe	174
82.	Cheeseburger Suppe	176
83.	Schnelles Linsen-Chili	178
84.	Zitronen-Knoblauch-Hähnchen	180
85.	Cremige Blumenkohlsuppe	182
86.	Cr o ckpot Hühner-Taco-Suppe	184
87.	Tofu unter Rühren mit Spargeleintopf anbraten	186
88.	Thymian-Tomatencremesuppe	188
89.	Pilz - Jalapeño-Eintopf	190
90.	Blumenkohlsuppe	192

NACHTISCH 194

91.	Chia-Pudding	195
92.	Limetten-Avocado-Pudding	197
93.	Brownie-Häppchen	199
94.	Kürbisbällchen	201
95.	Schokoladen-Nuss-Cluster	203
96.	Kakao-Kokosbutter-Fettbomben	205
97.	Blaubeer-Zitronen-Kuchen	207
98.	Schoko-Mandelrinde	209
99.	Belebendes Mousse	211
100.	Gefüllte Avocado	213

ABSCHLUSS 215

EINFÜHRUNG

Willkommen bei „Das komplette getreidefreie Kochbuch: 100 nährstoffreiche, getreidefreie Gerichte für eine lebendige Gesundheit." In einer Welt, in der Ernährungsgewohnheiten eine entscheidende Rolle für unser allgemeines Wohlbefinden spielen, ist die Entscheidung, auf Getreide zu verzichten, ein Weg zu mehr Gesundheit und Vitalität. Dieses Kochbuch ist Ihr Leitfaden für einen getreidefreien Lebensstil und den Genuss von Gerichten, die nicht nur köstlich, sondern auch nahrhaft sind.

Wenn wir in die Seiten dieses Kochbuchs eintauchen, werden Sie eine vielfältige Sammlung von 100 nährstoffreichen Rezepten entdecken, die frei von Getreide wie Weizen, Reis und Mais sind. Die getreidefreie Ernährung erfreut sich aufgrund ihrer potenziellen gesundheitlichen Vorteile, einschließlich einer verbesserten Verdauung und anhaltender Energie, zunehmender Beliebtheit. Unabhängig davon, ob Sie diätetische Einschränkungen haben oder einfach eine gesündere Art der Ernährung suchen, bieten diese Rezepte kreative und sättigende Alternativen, die den Geschmack nicht beeinträchtigen.

Wir glauben an die Kraft der Nahrung, zu heilen, Energie zu spenden und Freude zu bereiten. Ganz gleich, ob Sie ein erfahrener Gesundheitsliebhaber sind oder neu in der getreidefreien Ernährung sind, unser Ziel ist es, Ihre kulinarische Reise angenehm und lehrreich zu gestalten. Begeben wir uns also auf eine Geschmacksexpedition, die durch getreidefreies Essen zu strahlender Gesundheit führt.

FRÜHSTÜCK

1. Basilikum-Tomaten-Frittata

Macht: 2

ZUTATEN :
- 5 Eier
- 1 Esslöffel Olivenöl
- 7 Unzen Artischocken aus der Dose
- 1 Knoblauchzehe, gehackt
- ½ Tasse Kirschtomaten
- 2 Esslöffel frisches Basilikum, gehackt
- ¼ Tasse Feta-Käse, zerbröselt
- ¼ Teelöffel Pfeffer
- ¼ Teelöffel Salz

ANWEISUNGEN:
a) Öl in einer Pfanne bei mittlerer Hitze erhitzen.
b) Knoblauch einrühren und 4 Minuten anbraten.
c) Artischocken, Basilikum und Tomaten hinzufügen und 4 Minuten kochen lassen.
d) Eier in einer Schüssel verquirlen und mit Pfeffer und Salz würzen.
e) Die Eiermischung in die Pfanne geben und 5-7 Minuten kochen lassen.

2. Kokosnussbrot

Macht: 12

ZUTATEN:
- 6 Eier
- 1 Esslöffel Backpulver
- 2 Esslöffel ausweichen
- ½ Tasse gemahlener Leinsamen
- ½ Tasse Kokosmehl
- ½ Teelöffel Zimt
- 1 Teelöffel Xanthangummi
- ⅓ Tasse ungesüßte Kokosmilch
- ½ Tasse Olivenöl
- ½ Teelöffel Salz

ANWEISUNGEN:
a) Heizen Sie den Ofen auf 375 F vor.
b) Eier, Milch und Öl in den Standmixer geben und verrühren, bis alles gut vermischt ist.
c) Die restlichen Zutaten hinzufügen und vermischen, bis alles gut vermischt ist.
d) Den Teig in eine gefettete Kastenform füllen.
e) 40 Minuten im Ofen backen.
f) In Scheiben schneiden und servieren.

3. Chia-Spinat-Pfannkuchen

Macht: 6

ZUTATEN:
- 4 Eier
- ½ Tasse Kokosmehl
- 1 Tasse Kokosmilch
- ¼ Tasse Chiasamen
- 1 Tasse Spinat, gehackt
- 1 Teelöffel Backpulver
- ½ Teelöffel Pfeffer
- ½ Teelöffel Salz

ANWEISUNGEN:
a) Eier in einer Schüssel schaumig schlagen.
b) Alle trockenen Zutaten vermischen, die Eimischung dazugeben und glatt rühren. Spinat hinzufügen und gut umrühren.
c) Eine Pfanne mit Butter einfetten und bei mittlerer Hitze erhitzen.
d) Geben Sie 3-4 Esslöffel Teig in die Pfanne und backen Sie den Pfannkuchen.
e) Den Pfannkuchen von beiden Seiten leicht goldbraun backen.

4. Oliven-Käse-Omelett

Macht: 4

ZUTATEN:
- 4 große Eier
- 2 Unzen Käse
- 12 Oliven, entkernt
- 2 Esslöffel Butter
- 2 Esslöffel Olivenöl
- 1 Teelöffel Kräuter der Provence
- ½ Teelöffel Salz

ANWEISUNGEN:
a) Alle Zutaten außer Butter in eine Schüssel geben und gut verrühren, bis eine schaumige Masse entsteht.
b) Butter in einer Pfanne bei mittlerer Hitze schmelzen.
c) Die Eiermischung in eine heiße Pfanne geben und gleichmäßig verteilen.
d) Abdecken und 3 Minuten kochen lassen.
e) Omelett auf die andere Seite wenden und weitere 2 Minuten garen.

5. Feta-Grünkohl-Frittata

Macht: 8

ZUTATEN:
- 8 Eier, geschlagen
- 4 Unzen Feta-Käse, zerbröselt
- 6 Unzen Paprika, geröstet und gewürfelt
- 5 Unzen Babykohl
- ¼ Tasse Frühlingszwiebel, in Scheiben geschnitten
- 2 Teelöffel Olivenöl

ANWEISUNGEN:
a) Olivenöl in einer Pfanne bei mittlerer bis hoher Hitze kochen.
b) Grünkohl in die Pfanne geben und 4-5 Minuten anbraten, bis er weich ist.
c) Besprühen Sie den Slow Cooker mit Kochspray.
d) Gekochten Grünkohl in den Slow Cooker geben.
e) Frühlingszwiebeln und Paprika in den Slow Cooker geben.
f) Die geschlagenen Eier in den Slow Cooker geben und gut umrühren.
g) Zerkrümelten Feta-Käse darüberstreuen.
h) Bei schwacher Hitze 2 Stunden kochen lassen.

6. Frische Beerenmuffins

Macht: 9

ZUTATEN:
- 2 Eier
- ½ Teelöffel Vanille
- ½ Tasse frische Blaubeeren
- 1 Teelöffel Backpulver
- 6 Tropfen Stevia
- 1 Tasse Sahne
- 2 Tassen Mandelmehl
- ¼ Tasse Butter, geschmolzen

ANWEISUNGEN:
a) Stellen Sie den Ofen auf 350 F ein.
b) Eier in die Rührschüssel geben und verquirlen, bis alles gut vermischt ist.
c) Restliche Zutaten unter die Eier mischen.
d) Den Teig in ein gefettetes Muffinblech füllen und 25 Minuten im Ofen backen. Aufschlag.

7. Käse-Zucchini-Aubergine

Macht: 8

ZUTATEN:
- 1 Aubergine, in 2,5 cm große Würfel geschnitten
- 1 ½ Tasse Spaghettisauce
- 1 mittelgroße Zucchini, in 2,5 cm große Stücke geschnitten
- ½ Tasse Parmesankäse, gerieben

ANWEISUNGEN:
a) Alle Zutaten in den Topf geben und gut umrühren.
b) Abdecken und 2 Stunden auf höchster Stufe garen.
c) Gut umrühren und servieren.

8. Brokkoli-Nuggets

Macht: 4

ZUTATEN:
- 2 Eiweiß
- 2 Tassen Brokkoliröschen
- ¼ Tasse Mandelmehl
- 1 Tasse Cheddar-Käse, gerieben
- ⅛ Teelöffel Salz

ANWEISUNGEN:
a) Heizen Sie den Ofen auf 350 F vor.
b) Brokkoli in eine Schüssel geben und mit einem Stampfer zerstampfen.
c) Restliche Zutaten unter den Brokkoli rühren.
d) 20 Kugeln auf ein Backblech geben und leicht andrücken.
e) Im vorgeheizten Ofen 20 Minuten backen.

9. Blumenkohl-Frittata

Macht: 1

ZUTATEN:
- 1 Ei
- ¼ Tasse Blumenkohlreis
- 1 Esslöffel Olivenöl
- ¼ Teelöffel Kurkuma
- Pfeffer
- Salz

ANWEISUNGEN:
a) Alle Zutaten außer Öl in die Schüssel geben und gut vermischen.
b) Öl in einer Pfanne bei mittlerer Hitze erhitzen.
c) Gießen Sie die Mischung in die heiße Ölpfanne und kochen Sie sie 3–4 Minuten lang oder bis sie leicht goldbraun ist.

10. Kokos-Grünkohl-Muffins

Macht: 8

ZUTATEN:
- 6 Eier
- Eine halbe Tasse Kokosmilch, ungesüßt
- 1 Tasse Grünkohl, gehackt
- ¼ Teelöffel Knoblauchpulver
- ¼ Teelöffel Paprika
- ¼ Tasse Frühlingszwiebel, gehackt

ANWEISUNGEN:
a) Heizen Sie den Ofen auf 350 F vor.
b) Alle Zutaten in die Schüssel geben und gut verrühren.
c) Die Mischung in das gefettete Muffinblech füllen und 30 Minuten im Ofen backen.

11. Protein-Muffins

Macht: 12

ZUTATEN:
- 8 Eier
- 2 Messlöffel Vanille-Proteinpulver
- 8 Unzen Frischkäse
- 4 Esslöffel Butter, geschmolzen

ANWEISUNGEN:
a) In einer großen Schüssel Frischkäse und zerlassene Butter verrühren.
b) Eier und Proteinpulver hinzufügen und verrühren, bis alles gut vermischt ist.
c) Den Teig in die gefettete Muffinform füllen.
d) 25 Minuten bei 350 F backen.

12. Gesunde Waffeln

Macht: 4

ZUTATEN:
- 8 Tropfen flüssiges Stevia
- ½ Teelöffel Backpulver
- 1 Esslöffel Chiasamen
- ¼ Tasse Wasser
- 2 Esslöffel Sonnenblumenkernbutter
- 1 Teelöffel Zimt
- 1 Avocado, schälen, entkernen und zerdrücken
- 1 Teelöffel Vanille
- 1 Esslöffel Zitronensaft
- 3 Esslöffel Kokosmehl

ANWEISUNGEN:
a) Das Waffeleisen vorheizen.
b) In eine kleine Schüssel Wasser und Chiasamen geben und 5 Minuten einweichen.
c) Sonnenblumenkernbutter, Zitronensaft, Vanille, Stevia, Chia-Mischung und Avocado vermischen.
d) Zimt, Backpulver und Kokosmehl vermischen.
e) Die feuchten Zutaten zu den trockenen Zutaten hinzufügen und gut vermischen.
f) Die Waffelmischung in das heiße Waffeleisen geben und von jeder Seite 3-5 Minuten backen.

13. Käse-Mandel-Pfannkuchen

Macht: 4

ZUTATEN:
- 4 Eier
- ¼ Teelöffel Zimt
- ½ Tasse Frischkäse
- ½ Tasse Mandelmehl
- 1 Esslöffel Butter, geschmolzen

ANWEISUNGEN:
a) Alle Zutaten in den Mixer geben und mixen, bis alles gut vermischt ist.
b) Butter in einer Pfanne bei mittlerer Hitze erhitzen.
c) Pro Pfannkuchen 3 Esslöffel Teig einfüllen und auf jeder Seite 2 Minuten backen.

14. Gemüsequiche

Macht: 6

ZUTATEN:
- 8 Eier
- 1 Tasse Parmesankäse, gerieben
- 1 Tasse ungesüßte Kokosmilch
- 1 Tasse Tomaten, gehackt
- 1 Tasse Zucchini, gehackt
- 1 Esslöffel Butter
- ½ Teelöffel Pfeffer
- 1 Teelöffel Salz

ANWEISUNGEN:
a) Heizen Sie den Ofen auf 400 F vor.
b) Butter in einer Pfanne bei mittlerer Hitze erhitzen, dann die Zwiebel dazugeben und anbraten, bis die Zwiebel weich wird.
c) Tomaten und Zucchini in die Pfanne geben und 4 Minuten anbraten.
d) Eier mit Käse, Milch, Pfeffer und Salz in einer Schüssel verquirlen.
e) Die Eiermischung über das Gemüse gießen und 30 Minuten im Ofen backen.
f) In Scheiben schneiden und servieren.

15. Kürbismuffins

Macht: 10

ZUTATEN:
- 4 Eier
- ½ Tasse Kürbispüree
- 1 Teelöffel Kürbiskuchengewürz
- ½ Tasse Mandelmehl
- 1 Esslöffel Backpulver
- 1 Teelöffel Vanille
- ⅓ Tasse Kokosöl, geschmolzen
- ⅔ Tasse Ausweichen
- ½ Tasse Kokosmehl
- ½ Teelöffel Meersalz

ANWEISUNGEN:
a) Heizen Sie den Ofen auf 350 F vor.
b) Kokosmehl, Kürbiskuchengewürz, Backpulver, Mandelmehl und Meersalz vermischen.
c) Eier, Vanille, Kokosöl und Kürbispüree unterrühren, bis alles gut vermischt ist.
d) Den Teig in das gefettete Muffinblech füllen und 25 Minuten im Ofen backen.

16. Nussmilch und Milchkännchen

Ergibt: 2 Tassen Sahne oder 4 Tassen Milch

ZUTATEN:
- 2–4 Tassen gefiltertes Wasser
- 1 Tasse rohe Macadamianüsse
- 1 Tasse blanchierte Mandeln
- 1 Tasse ungesüßte, geraspelte Kokosnuss
- 2 große Datteln (optional)
- 1 Teelöffel Vanilleextrakt oder -paste (optional)
- ⅛ Teelöffel Mandelextrakt (optional)
- Prise Meersalz
- Reine Mönchsfrucht oder bevorzugtes Süßungsmittel nach Geschmack

a) Erhitzen Sie 2 Tassen Wasser, bis es sehr heiß ist.
b) Während das Wasser erhitzt wird, geben Sie die restlichen Zutaten in Ihren Mixer.
c) Wenn das Wasser heiß ist, gießen Sie es über die Mixerzutaten. 5 Minuten ruhen lassen.
d) Alles etwa eine Minute lang vermischen.
e) Eine hohe Schüssel mit einem Käsetuch oder einem Nuss-/Saftbeutel auslegen, um die Mischung hineinzugießen und die Flüssigkeit auszudrücken.
f) Süße und Vanillearoma nach Geschmack anpassen.
g) Fügen Sie mehr Wasser hinzu, um eine „milchige" Konsistenz zu erhalten, oder verwenden Sie es pur für Kaffeesahne. Hält mehrere Tage im Kühlschrank.

17. Apfelkuchen Cluster

Ergibt: etwa 8 Portionen

ZUTATEN:
- 2 gehackte Äpfel oder ½ Tasse Apfelmus
- 1 Tasse weiche, entsteinte Datteln
- ¼ Tasse Ahornsirup
- ¼ Tasse weiche Butter oder Kokosöl
- 2 Teelöffel Vanilleextrakt
- 3 Tassen Müslimischung
- 1 Teelöffel reine Mönchsfrucht oder Stevia (bei Verwendung von Flüssigkeit in die Küchenmaschine geben)
- 1 Esslöffel Zimt
- ½ Teelöffel Piment
- ½ Teelöffel Meersalz

ANWEISUNGEN:
a)   Heizen Sie den Ofen auf 300 °F vor und legen Sie ein Backblech mit Backpapier aus.
b)   Äpfel, Datteln, Ahornsirup, Butter oder Kokosöl und Vanille mixen, bis eine fast glatte Masse entsteht. Ich lasse gerne ein paar Apfel- und Dattelstücke ungemischt.
c)   Das Müsli in eine große Schüssel geben und das Süßungsmittel und die Gewürze unterrühren.
d)   Den Inhalt der Küchenmaschine zu den trockenen Zutaten geben und mit den Händen gut vermischen.
e)   Gleichmäßig auf dem Backblech verteilen und etwa eine Stunde lang backen. Dabei mit einem Spatel etwa drei bis vier Mal wenden und hin- und herbewegen oder Stücke nach Bedarf zerkleinern.
f)   Schalten Sie den Ofen aus, öffnen Sie die Tür und lassen Sie ihn abkühlen, bis er knusprig ist.
g)   In einem luftdichten Behälter mehrere Wochen lagern.

18. Müsli

Ergibt: 12–16 Portionen

ZUTATEN:
- 2 Tassen Kokosraspeln
- ⅔ Tasse Chiasamenmehl
- ⅔ Tasse Hanf oder andere Lieblingssamen
- ⅔ Tasse Apfelfaser (optional), siehe Ressourcen (Seite 296)
- ⅓ Tasse Kokosmehl
- ¼ Tasse Zimt
- 1 Teelöffel reine Mönchsfrucht
- 1 Teelöffel Meersalz
- 2 Tassen gehackte Walnüsse
- 2 Tassen gehackte Pekannüsse, Macadamias, Cashewnüsse oder Paranüsse

ANWEISUNGEN:

a) Kokosraspeln, gemahlenes Chia, Samen, Apfelfasern, Kokosmehl, Zimt, Süßstoff und Salz in einer großen Schüssel vermischen.

b) Zerkleinern Sie die Nüsse in einer Küchenmaschine, bis sie zerkleinert sind.

c) Rühren Sie die Nüsse in die Schüssel, bis alles vermischt ist.

MARMELADEN

19. Aprikose/Pfirsich/Ananas

ZUTATEN:
- 12 Unzen (ca. 2 Tassen) frische oder zuvor gefrorene und aufgetaute, geschnittene Pfirsiche oder ½ Ananas
- 10 Unzen getrocknete Aprikosen
- 3–4 Esslöffel Honig (vorzugsweise Manuka)
- 2 Esslöffel frischer Zitronensaft
- 1 Teelöffel reines Mönchsfruchtpulver oder Stevia
- Jeweils ½ Teelöffel Vanille- und Mandelextrakt
- Prise Meersalz

ANWEISUNGEN:
a) Alles in den Mixer geben und glatt rühren.
b) In Gläser oder Behälter umfüllen und kühlen oder einfrieren (ich kühle normalerweise eines und friere eins ein).
c) Tipp: Um Fruchtleder herzustellen, verteilen Sie die Marmelade dünn auf einem Blech und lassen Sie sie einige Stunden lang bei 200 °F trocknen.

20. Erdbeere/Kirsche

ZUTATEN:
- 1 Pfund frische oder zuvor gefrorene Erdbeeren
- 6 Unzen (oder etwa 1¼ Tassen) Himbeeren (optional)
- 2 Tassen getrocknete Kirschen
- 2–4 Esslöffel Honig oder Sirup nach Wahl
- 2 Esslöffel frischer Zitronensaft
- ½–1 Teelöffel reine Mönchsfrucht oder Stevia
- ½ Teelöffel Mandelextrakt (optional)
- ⅛ Meersalz

ANWEISUNGEN:

a) Geben Sie alles in Ihre Küchenmaschine und zerkleinern Sie es mehrmals, bis die gewünschte Konsistenz erreicht ist. Oder fügen Sie die Hälfte der Erdbeeren hinzu und pürieren Sie alles glatt, dann fügen Sie die restlichen Zutaten hinzu.

b) In Gläser oder Behälter umfüllen und kühlen oder einfrieren (ich kühle normalerweise eines und friere eins ein).

21. Blaubeere/Pflaume

ZUTATEN:
- 1 Pfund frische oder zuvor gefrorene Blaubeeren
- 1 Tasse getrocknete Pflaumen (man kann sie auch Pflaumen nennen)
- 2–4 Esslöffel Honig oder Sirup nach Wahl
- 2 Esslöffel frischer Zitronensaft
- ½–1 Teelöffel reine Mönchsfrucht oder Stevia
- ½ Teelöffel Vanille (optional)
- ⅛ Meersalz

ANWEISUNGEN:

a) Geben Sie alles in Ihre Küchenmaschine und zerkleinern Sie es mehrmals, bis die gewünschte Konsistenz erreicht ist. Oder fügen Sie die Hälfte der Erdbeeren hinzu und pürieren Sie alles glatt, dann fügen Sie die restlichen Zutaten hinzu.

b) In Gläser oder Behälter umfüllen und kühlen oder einfrieren (ich kühle normalerweise eines und friere eins ein).

22. Rohes Apfelmus

ZUTATEN:
- 6 große Äpfel (ohne Schale)
- 1 gerade reife Banane
- 2–4 Datteln, je nach Geschmack in Wasser oder Honig/Stevia eingeweicht
- 1 Esslöffel Zitronensaft
- ¼ Teelöffel Zimt (optional, oder mehr nach Geschmack)
- Prise Piment (optional)

ANWEISUNGEN:

a) In der Küchenmaschine pürieren, bis eine glatte Masse entsteht.

b) Tipp: Fügen Sie für die Winterferien eine halbe Tasse Preiselbeeren, für den Valentinstag Erdbeeren oder anderes Obst hinzu, um es gelegentlich abzuwechseln.

23. Würziges (fermentiertes) Fruchtchutney

ZUTATEN:
- 3–4 geschälte, gehackte Äpfel, Pfirsiche oder ½ gehackte Ananas
- Jeweils ½ Tasse getrocknete gehackte Aprikosen, Pflaumen, gelbe Rosinen, Preiselbeeren, Kirschen, Pekannüsse
- 1 geschnittener Lauch
- Saft von zwei Zitronen
- ¼ Tasse Molke, abgetropft aus Joghurt oder Wasserkefir oder Kombucha (sorgt für eine gute Fermentation)
- 2 Teelöffel Meersalz
- 1 Teelöffel Zimt
- ⅛ Teelöffel rote Paprikaflocken
- Zum Bedecken Wasser oder Kokoswasser

ANWEISUNGEN:

a) In einer großen Schüssel alle Zutaten außer dem Wasser verrühren.

b) In saubere Gläser füllen und oben ein bis zwei Zentimeter Platz lassen.

c) Abdecken und 2–3 Tage bei Zimmertemperatur ruhen lassen.

d) Im Kühlschrank bis zu einem Monat aufbewahren oder einfrieren.

24. Cranberry-Kirschsauce

Ergibt: 4 Tassen Soße

ZUTATEN:
- 1 dünnschalige Saftorange, z. B. Valencia, gehackt und entkernt
- 2 Tassen getrocknete Preiselbeeren
- 2 Tassen entkernte frische Kirschen (vorher eingefroren ist in Ordnung)
- 1 Teelöffel reine Mönchsfrucht oder Stevia
- 1 Teelöffel gemahlener Zimt
- ½–⅔ Teelöffel Meersalz
- ¼ Teelöffel gemahlener schwarzer Pfeffer
- ¼ Teelöffel gemahlener Koriander
- Eine Prise Nelken
- ¼ Tasse Portwein oder Kirschsaft
- ⅓ Tasse schwarze Rosinen (optional)
- ⅓ Tasse Pekannüsse (optional)

ANWEISUNGEN:
a) Geben Sie die Orange in Ihre Küchenmaschine und verarbeiten Sie sie in kleine Stücke.
b) Die restlichen Zutaten außer Wein, Rosinen und Pekannüssen hinzufügen und verrühren, bis eine stückige Soße entsteht.
c) Den Wein, die Rosinen und die Pekannüsse hinzufügen und bei Bedarf mit etwas Wasser verdünnen.

SNACKS

25. Herzhafte Buttercracker

Ergibt: 1 (17 x 12 Zoll) Backblech

ZUTATEN:
- 10 Unzen weiße oder gelbe Süßkartoffel
- 1¾ Tassen Mandel-, Cashew- oder Macadamianüsse (oder 2 Tassen Nussmehl)
- ½ Tasse Butter
- 1 Esslöffel Gelatine
- 1½ Teelöffel Meersalz
- Ei zum Bestreichen

ANWEISUNGEN:
a) Heizen Sie den Ofen auf 350 °F vor.
b) Zwei Backpapiere oder zwei Blätter Backpapier mit Butter, Ghee oder Öl bestreichen.
c) Mit der S-Klinge ausgestattet, pürieren Sie die Süßkartoffel in Ihrer Küchenmaschine, bis sie sehr fein ist.
d) Die restlichen Zutaten (außer dem Ei) hinzufügen und pürieren, bis eine glatte und pastöse Masse entsteht.
e) Teilen Sie den Teig in zwei Hälften und rollen oder drücken Sie jede Hälfte etwa einen Zentimeter zwischen die beiden Blätter Papier. Nehmen Sie sich Zeit, es gleichmäßig auszurollen.
f) Entfernen Sie die oberste Papierschicht und schneiden Sie sie mit einem Ausstecher oder Spatel in Quadrate oder Rechtecke. Wenn das obere Papier festklebt, geben Sie den Teig einfach mit dem Papier auf ein Backblech und backen Sie ihn mit dem Papier etwa 8 Minuten lang. Schneiden Sie ihn dann in Quadrate.
g) Entfernen Sie alle gebräunten Ränder und stechen Sie mit einer Gabel ein Muster darauf.
h) Das Ei mit einer Gabel schaumig schlagen, die Cracker damit bestreichen und mit zusätzlichem Meersalz bestreuen.
i) Zurück in den Ofen und weiter backen, bis sie anfangen zu bräunen.
j) Schalten Sie den Ofen aus, öffnen Sie die Tür einen Spalt und lassen Sie ihn etwa 30 Minuten ruhen, bis die Cracker knusprig werden.
k) In einem luftdichten Behälter aufbewahren.
l) Wenn die Cracker mit der Zeit weicher werden, lassen Sie sie im Ofen bei 300 °F für etwa 5–7 Minuten erneut knusprig werden.

26. Gemüsesamen-Cracker

Ergibt: 18–24 Cracker

ZUTATEN:
- 1 mittelgroße/kleine Zucchini (ca. 6–7 Unzen)
- ¼ Tasse gehackte Zwiebel
- ¼ Tasse gehackte rote Paprika
- 1½ Tassen Kürbiskerne, roh oder leicht geröstet
- ¼ Tasse Chiasamen
- 2 gehackte Knoblauchzehen
- 1 Zweig frische Estragon- oder Rosmarinblätter oder Ihr Lieblingskraut
- 1 Esslöffel Olivenöl
- 1 Teelöffel Meersalz
- ½ Teelöffel schwarzer Pfeffer
- Grobes Meersalz zum Bestreuen

ANWEISUNGEN:

a) Heizen Sie den Ofen auf 325 °F vor und fetten Sie ein mit Backpapier ausgelegtes Backblech mit Olivenöl ein.

b) Das Gemüse fein hacken.

c) Reservieren Sie eine halbe Tasse Kürbiskerne. Die restlichen Zutaten dazugeben und kurz verrühren, sodass die Kerne etwas zerkleinert werden.

d) Restliche Kürbiskerne dazugeben und 2–3 Mal pürieren.

e) Verwenden Sie einen kleinen Eisportionierer oder geben Sie gehäufte Esslöffel auf das vorbereitete Backblech, so wie Sie Keksteig fallen lassen würden.

f) Verwenden Sie ein Glas mit flachem Boden, um jeden Hügel zu einem dünnen Cracker zu formen. Tauchen Sie den Boden nach jedem Pressen in Wasser und bestreuen Sie ihn bei Bedarf mit mehr Meersalz.

g) 12–15 Minuten backen.

h) Aus dem Ofen nehmen und jeden Cracker mit einem Spatel vorsichtig umdrehen, zurück in den Ofen stellen und weitere 12–15 Minuten backen oder gerade so lange, bis die Ränder anfangen zu bräunen.

i) Schalten Sie den Ofen aus und entfernen Sie alle Cracker, die offensichtlich braun und knusprig sind.

j) Öffnen Sie die Tür und lassen Sie die restlichen Cracker ruhen, bis sie alle knusprig sind.

k) In einem luftdichten Behälter aufbewahren. Diese sind auch einfrierbar!

27. Apfelwein-Paleo-Donuts

Macht: 12 MINI-DONUTS

ZUTATEN:
PALEO-DONUTS
- 1/2 Teelöffel Zimt
- 1/2 Teelöffel Backpulver
- 1/8 Teelöffel Meersalz
- 2 Eier
- ein paar Tropfen Stevia-Flüssigkeit d
- 1/2 Tasse Kokosmehl
- 2 Esslöffel Mandelöl
- 1/2 Tasse warmer Apfelwein
- 2 Esslöffel Ghee, geschmolzen – zum Bestreichen

ZIMT ZUCKER
- 1/2 Tasse granulierter Kokosnusszucker
- 1 Esslöffel Zimt

ANWEISUNGEN:
a) Den Donutmaker vorheizen.
b) Kokosmehl, Backpulver, Zimt und Salz vermischen .
c) Eier, Öl und Stevia in einer anderen Schüssel verquirlen .
d) Mischen Sie die trockenen Zutaten zusammen mit den feuchten Zutaten Apfelwein .
e) Geben Sie den Donut-Teig in den Donut-Maker.
f) 3 Minuten kochen lassen.
g) Donuts mit geschmolzenem Ghee/Butter/Mandelöl bestreichen .
h) Donuts mit der Zimt-Kokos-Zucker-Mischung vermengen .

28. Matcha-Cashew-Becher

ZUTATEN:
- ⅔ Tasse Kakaobutter
- 3/4 Tasse Kakaopulver
- ⅓ Tasse Ahornsirup
- ½ Tasse Cashewbutter
- 2 Teelöffel Matcha-Pulver
- Meersalz

ANWEISUNGEN:

a) Füllen Sie einen kleinen Topf mit ⅓ Tasse Wasser, stellen Sie eine Schüssel darauf und bedecken Sie den Topf. Sobald die Schüssel heiß ist, schmelzen Sie die Kakaobutter darin. Sobald die Schokolade geschmolzen ist, vom Herd nehmen und einige Minuten lang Ahornsirup und Kakaopulver unterrühren, bis die Schokolade eindickt.

b) Füllen Sie die untere Schicht mit einem mittelgroßen Cupcake-Halter mit einem großzügigen Esslöffel der Schokoladenmischung.

c) Zum Festwerden 15 Minuten einfrieren.

d) Nehmen Sie die gefrorene Schokolade aus dem Gefrierschrank und geben Sie einen Esslöffel Matcha-Cashewbutter-Teig auf die gefrorene Schokoladenschicht.

e) Mit Meersalz bestreuen und 15 Minuten im Gefrierschrank ruhen lassen.

29. Ahorn-Pekannuss-Fat-Bomb-Riegel

Macht : 12

ZUTATEN:
- 2 Tassen Pekannusshälften
- 1 Tasse Mandelmehl
- ½ Tasse Goldenes Leinsamenmehl
- ½ Tasse ungesüßte Kokosraspeln
- ½ Tasse Kokosöl
- ¼ Tasse Ahornsirup
- ¼ Teelöffel flüssiges Stevia

ANWEISUNGEN:

a) Heizen Sie den Ofen auf 350 °F vor und backen Sie die Pelikanhälften 5 Minuten lang.

b) Nehmen Sie die Pekannüsse aus dem Ofen und legen Sie sie in eine Plastiktüte. Zerdrücke sie mit einem Nudelholz, sodass Stücke entstehen. In einer Rührschüssel die trockenen Zutaten Mandelmehl, goldenes Leinsamenmehl, Kokosraspeln und die zerstoßenen Pekannüsse vermischen.
Fügen Sie den Kokosöl-Ahornsirup und flüssiges Stevia hinzu. Alle Zutaten in einer großen Rührschüssel vermischen, bis ein krümeliger Teig entsteht.

c) Den Teig in eine Auflaufform geben und andrücken.

d) 15 Minuten bei 350 °F backen oder bis die Seiten leicht gebräunt sind.

e) Mit einem Spatel in 12 Scheiben schneiden und servieren.

30. Blumenkohl - Vorspeisen

Macht : 8

ZUTATEN:
- 14 Unzen Blumenkohlröschen , gehackt
- 3 mittelgroße Frühlingszwiebeln
- 3 Unzen geriebener weißer Cheddar
- ½ Tasse Mandelmehl
- ½ Teelöffel Salz
- 3/4 Teelöffel Pfeffer
- ½ Teelöffel rote Pfefferflocken
- ½ Teelöffel Estragon, getrocknet
- ¼ Teelöffel Knoblauchpulver
- 3 Esslöffel Olivenöl
- 2 Teelöffel Chia-Samen

ANWEISUNGEN:

a) Heizen Sie den Ofen auf 400 Grad Fahrenheit vor.

b) In einer Plastiktüte Blumenkohlröschen, Olivenöl, Salz und Pfeffer vermischen. Kräftig schütteln, bis der Blumenkohl gleichmäßig bedeckt ist.

c) Blumenkohlröschen auf ein mit Alufolie ausgelegtes Backblech gießen. Danach 5 Minuten backen.

d) Den gerösteten Blumenkohl in eine Küchenmaschine geben und ein paar Mal zerkleinern.

e) In einer Rührschüssel alle Zutaten (Mandelmehl) vermischen, bis eine klebrige Masse entsteht.

f) Aus der Blumenkohlmischung Pastetchen formen und mit Mandelmehl bestreichen.

g) 15 Minuten lang bei 200 °C backen, oder bis die Außenseite knuspriger ist.

h) Aus dem Ofen nehmen, vor dem Servieren etwas abkühlen lassen !

31. Süßkartoffel-Toast

ZUTATEN:
- 2 große Süßkartoffeln, in Scheiben geschnitten.
- ¼ Zoll dicke Scheiben.
- 1 Esslöffel Avocadoöl.
- 1 Teelöffel Salz ½ Tasse Guacamole.
- ½ Tasse Tom Atoes, in Scheiben geschnitten.

ANWEISUNGEN:
a) Heizen Sie Ihren Backofen auf 425° F vor.
b) Decken Sie ein Backblech mit Pergamentpapier ab.
c) Reiben Sie die Kartoffelscheiben mit Öl und Salz ein und legen Sie sie auf ein Backblech. 5 Minuten im Ofen backen, dann umdrehen und erneut 5 Minuten backen.
d) Scheiben mit Guacamole und Tomaten belegen .

32. Fruchtbällchen in Bourbon

Ergibt 2 Portionen

ZUTATEN:
- ½ Tasse Melonenkugeln
- ½ Tasse halbierte Erdbeeren
- 1 Esslöffel Bourbon
- 1 Esslöffel Zucker
- ½ Päckchen Aspartam-Süßstoff
- Zweige frische Minze zum Garnieren

ANWEISUNGEN:

a) Melonenkugeln und Erdbeeren in einer Glasschüssel vermengen.

b) Mit Bourbon, Zucker und Aspartam vermengen.

c) Abdecken und bis zum Servieren im Kühlschrank aufbewahren. Die Früchte in Dessertschalen verteilen und mit Minzblättern dekorieren.

FLEISCH-HAUPTSPEISEN

33. Balsamico-Rindfleisch-Pilz-Mischung

Macht: 4

ZUTATEN:
- 2 Pfund Rindfleisch, in Streifen geschnitten
- ¼ Tasse Balsamico-Essig
- 2 Tassen Rinderbrühe
- 1 Esslöffel Ingwer, gerieben
- Saft einer halben Zitrone
- 1 Tasse braune Champignons, in Scheiben geschnitten
- Prise Salz und schwarzer Pfeffer
- 1 Teelöffel gemahlener Zimt

ANWEISUNGEN:
a) Mischen Sie in Ihrem Slow Cooker alle Zutaten, decken Sie das Ganze ab und kochen Sie es 8 Stunden lang auf niedriger Stufe.
b) Alles auf Teller verteilen und servieren.

34. Oregano-Schweinefleischmischung

Macht: 4

ZUTATEN:
- 2 Pfund Schweinebraten
- 7 Unzen Tomatenmark
- 1 gelbe Zwiebel, gehackt
- 1 Tasse Rinderbrühe
- 2 Esslöffel gemahlener Kreuzkümmel
- 2 Esslöffel Olivenöl
- 2 Esslöffel frischer Oregano, gehackt
- 1 Esslöffel Knoblauch, gehackt
- ½ Tasse frischer Thymian, gehackt

ANWEISUNGEN:
a) Erhitzen Sie eine Bratpfanne mit Öl bei mittlerer bis hoher Hitze, geben Sie den Braten hinein, braten Sie ihn 3 Minuten lang auf beiden Seiten an und geben Sie ihn dann in Ihren Slow Cooker.
b) Die restlichen Zutaten hinzufügen, etwas vermischen, abdecken und 7 Stunden lang auf niedriger Stufe kochen lassen.
c) Den Braten in Scheiben schneiden, auf Teller verteilen und servieren.

35. Einfacher Rinderbraten

Macht: 10

ZUTATEN:
- 5 Pfund Rinderbraten
- 2 Esslöffel italienisches Gewürz
- 1 Tasse Rinderbrühe
- 1 Esslöffel süßer Paprika
- 3 Esslöffel Olivenöl

ANWEISUNGEN:
a)   Mischen Sie in Ihrem Slow Cooker alle Zutaten, decken Sie das Ganze ab und kochen Sie es 8 Stunden lang auf niedriger Stufe.
b)   Den Braten aufschneiden, auf Teller verteilen und servieren.

36. Schweinefleisch und Paprika-Chili

Macht: 4

ZUTATEN:
- 1 rote Zwiebel, gehackt
- 2 Pfund Schweinefleisch, gemahlen
- 4 Knoblauchzehen, gehackt
- 2 rote Paprika, gehackt
- 1 Selleriestange, gehackt
- 25 Unzen frische Tomaten, geschält, zerdrückt
- ¼ Tasse grüne Chilis, gehackt
- 2 Esslöffel frischer Oregano, gehackt
- 2 Esslöffel Chilipulver
- Prise Salz und schwarzer Pfeffer
- Ein Spritzer Olivenöl

ANWEISUNGEN:

a) Eine Bratpfanne mit Öl bei mittlerer bis hoher Hitze erhitzen und die Zwiebel, den Knoblauch und das Fleisch hinzufügen. Mischen und 5 Minuten bräunen lassen und dann in Ihren Slow Cooker geben.

b) Die restlichen Zutaten hinzufügen, vermischen, abdecken und 8 Stunden lang auf niedriger Stufe kochen.

c) Alles auf Schüsseln verteilen und servieren.

37. Süßkartoffel-Speckbrei

Macht: 4

ZUTATEN:
- 3 Süßkartoffeln, geschält
- 4 Unzen Speck, gehackt
- 1 Tasse Hühnerbrühe
- 1 Esslöffel Butter
- 1 Teelöffel Salz
- 2 Unzen Parmesan, gerieben

ANWEISUNGEN:
a) Süßkartoffel würfeln und in die Pfanne geben.
b) Hühnerbrühe hinzufügen und den Deckel schließen.
c) Kochen Sie das Gemüse, bis es weich ist.
d) Anschließend die Hühnerbrühe abgießen.
e) Die Süßkartoffel mit Hilfe des Kartoffelstampfers zerdrücken. Geriebenen Käse und Butter hinzufügen.
f) Salz und gehackten Speck vermischen. Frittieren Sie die Mischung, bis sie knusprig ist (10–15 Minuten).
g) Gekochten Speck zum Süßkartoffelpüree geben und mit Hilfe des Löffels vermischen.
h) Es wird empfohlen, die Mahlzeit warm oder heiß zu servieren.

38. Mit Prosciutto umwickelte Mozzarella-Kugeln

Macht: 4

ZUTATEN:
- 8 Mozzarella-Kugeln, kirschgroß
- 4 Unzen Speck, in Scheiben geschnitten
- ¼ Teelöffel gemahlener schwarzer Pfeffer
- ¾ Teelöffel getrockneter Rosmarin
- 1 Teelöffel Butter (⅛ gesundes Fett)

ANWEISUNGEN:
a) Den in Scheiben geschnittenen Speck mit gemahlenem schwarzem Pfeffer und getrocknetem Rosmarin bestreuen.
b) Wickeln Sie jede Mozzarella-Kugel in die Speckscheiben und befestigen Sie sie mit Zahnstochern.
c) Butter schmelzen.
d) Umwickelte Mozzarella-Kugeln mit Butter bestreichen.
e) Das Backblech mit Backpapier auslegen und Mozzarella-Kugeln darin anordnen.
f) Backen Sie die Mahlzeit 10 Minuten lang bei 365 °F.

39. Bulgur-Lammfleischbällchen

Macht: 6

ZUTATEN:
- 1 und ½ Tassen griechischer Joghurt
- ½ Teelöffel Kreuzkümmel, gemahlen
- 1 Tasse Gurke, geraspelt
- ½ Teelöffel Knoblauch, gehackt
- Prise Salz und schwarzer Pfeffer
- 1 Tasse Bulgur
- 2 Tassen Wasser
- 1 Pfund Lamm, gemahlen
- ¼ Tasse Petersilie, gehackt
- ¼ Tasse Schalotten, gehackt
- ½ Teelöffel Piment, gemahlen
- ½ Teelöffel Zimtpulver
- 1 Esslöffel Olivenöl

ANWEISUNGEN:
a) Den Bulgur mit dem Wasser in einer Schüssel vermischen, die Schüssel abdecken, 10 Minuten stehen lassen, abtropfen lassen und in eine Schüssel geben.
b) Das Fleisch, den Joghurt und die restlichen Zutaten außer dem Öl dazugeben, gut umrühren und daraus mittelgroße Fleischbällchen formen.
c) Öl in einer Pfanne bei mittlerer bis hoher Hitze erhitzen, die Fleischbällchen hinzufügen, auf jeder Seite 7 Minuten braten, alles auf einer Platte anrichten und als Vorspeise servieren.

40. Hummus mit Lammhackfleisch

Macht: 8

ZUTATEN:
- 10 Unzen Hummus
- 12 Unzen Lammfleisch, gemahlen
- ½ Tasse Granatapfelkerne
- ¼ Tasse Petersilie, gehackt
- 1 Esslöffel Olivenöl

ANWEISUNGEN:
a) Öl in einer Pfanne bei mittlerer bis hoher Hitze erhitzen, das Fleisch hinzufügen und 15 Minuten lang anbraten, dabei häufig umrühren.

b) Den Hummus auf einer Platte verteilen, das Lammhackfleisch darauf verteilen, außerdem die Granatapfelkerne und die Petersilie darauf verteilen und mit Pita-Chips als Snack servieren.

41. Mit Lammfleisch gefüllte Avocado

Macht: 4

ZUTATEN:
- 2 Avocados
- 1 ½ Tasse gehacktes Lammfleisch
- ½ Tasse Cheddar-Käse
- ½ Tasse Parmesankäse, gerieben
- 2 Esslöffel Mandeln, gehackt
- 1 Esslöffel Koriander, gehackt
- 2 Esslöffel Olivenöl
- 1 Tomate, gehackt
- 1 Jalapeno, gehackt
- Salz und Pfeffer nach Geschmack
- 1 Teelöffel Knoblauch, gehackt
- 1 Zoll Ingwer, gehackt

ANWEISUNGEN:
a) Die Avocados halbieren. Entfernen Sie den Kern und löffeln Sie etwas Fruchtfleisch heraus, um es später zu füllen.
b) In einer Pfanne die Hälfte des Öls hinzufügen.
c) Ingwer und Knoblauch 1 Minute lang vermengen.
d) Das Lamm dazugeben und 3 Minuten schwenken.
e) Tomaten, Koriander, Parmesan, Jalapeno, Salz und Pfeffer hinzufügen und 2 Minuten kochen lassen.
f) Nehmen Sie die Hitze ab. Füllen Sie die Avocados.
g) Streuen Sie die Mandeln und den Cheddar-Käse darüber und geben Sie Olivenöl darüber.
h) Auf ein Backblech geben und 30 Minuten backen. Aufschlag.

42. Gebackene Rindfleisch-Zucchini

Macht: 4

ZUTATEN:
- 2 große Zucchini
- 1 Tasse Hackfleisch
- 1 Tasse Pilze, gehackt
- 1 Tomate, gehackt
- ½ Tasse Spinat, gehackt
- 1 Esslöffel Schnittlauch, gehackt
- 2 Esslöffel Olivenöl
- Salz und Pfeffer nach Geschmack
- 1 Esslöffel Mandelbutter
- 1 Teelöffel Knoblauchpulver
- 1 Tasse Cheddar-Käse, gerieben
- ⅓ Teelöffel Ingwerpulver

ANWEISUNGEN:
a) Heizen Sie den Ofen auf 400 Grad F vor.
b) Alufolie auf ein Backblech legen.
c) Die Zucchini halbieren. Die Kerne herausnehmen und Taschen formen, um sie später zu stopfen.
d) In einer Pfanne das Olivenöl hinzufügen.
e) Das Rindfleisch schwenken, bis es braun ist.
f) Pilze, Tomaten, Schnittlauch, Salz, Pfeffer, Knoblauch, Ingwer und Spinat hinzufügen.
g) 2 Minuten kochen lassen. Nehmen Sie die Hitze ab.
h) Die Zucchini mit der Mischung füllen.
i) Legen Sie sie auf das Backblech. Den Käse darüber streuen.
j) Die Butter daruber geben. 30 Minuten backen. Warm servieren.

43. Kreuzkümmel-Limetten-Steak

Macht: 4

ZUTATEN:
- 20 Einmal. Steak mit magerem Rib-Eye
- 6 Spitzen Brokkoli
- ½ Tasse Rinderbrühe
- ¼ Esslöffel Limettensaft
- 1 ½ Löffel gemahlener Kreuzkümmel
- 1 ½ Löffel gemahlener Koriander
- 2 große, fein gehackte Knoblauchzehen
- 3 Pfund Olivenöl

ANWEISUNGEN:
a) Alle Marinadenzutaten (außer Öl) in einem Mixer vermischen.
b) Geben Sie bei langsam laufendem Motor Öl in einen Mixer.
c) Bis zur Verwendung kühl stellen und abdecken. Gießen Sie 1 Tasse Marinade über die Steaks in einer Glasschale und bedecken Sie sie von allen Seiten.
d) Abdecken und 6 Stunden (oder über Nacht) abkühlen lassen.
e) Über mittelgroßen Kohlen grillen, regelmäßig wenden und mit einer halben Tasse übrig gebliebener Marinade reinigen.
f) Brokkoli daneben dünsten und servieren.

44. Geschmorter Grünkohl in Erdnusssauce

Macht: 4

ZUTATEN:
- 2 Tassen Hühnerbrühe
- 12 Tassen gehackter Grünkohl
- 5 Esslöffel Erdnussbutterpulver
- 3 Knoblauchzehen, zerdrückt
- 1 Teelöffel Salz
- ½ Teelöffel Piment
- ½ Teelöffel schwarzer Pfeffer
- 2 Teelöffel Zitronensaft
- ¾ Teelöffel scharfe Soße
- 1 ½ Pfund Schweinefilet

ANWEISUNGEN:
a) Besorgen Sie sich einen Topf mit dicht schließendem Deckel und vermischen Sie den Kohl mit dem Knoblauch, der Hühnerbrühe, der scharfen Soße und der Hälfte des Pfeffers und Salzes.
b) Bei schwacher Hitze 60 Minuten kochen lassen.
c) Sobald der Kohl weich ist, Zitronensaft unter den Piment rühren.
d) Und Erdnussbutterpulver.
e) Warm halten.
f) Würzen Sie das Schweinefilet mit dem restlichen Pfeffer und Salz und grillen Sie es 10 Minuten lang im Toaster, wenn die Innentemperatur 145 °F beträgt.
g) Achten Sie darauf, das Filet alle 2 Minuten zu wenden, um eine gleichmäßige Bräunung zu erreichen.
h) Danach können Sie das Schweinefleisch aus dem Ofen nehmen und etwa 5 Minuten ruhen lassen.
i) Schneiden Sie das Schweinefleisch nach Belieben in Scheiben und servieren Sie es auf dem geschmorten Gemüse.

45. Proteinreicher Chipotle-Cheddar-Quesadilla

Macht: 4

ZUTATEN:
- Tortillas
- 2 Tassen Hüttenkäse
- 2 Tassen Cheddar-Käse
- 1 Paprika
- 1 Tasse Portobello-Pilze
- 2-3 Esslöffel Chipotle-Gewürz
- Milde Salsa zum Dippen

ANWEISUNGEN:
a) Die Paprika (in Scheiben geschnitten, rot) und die Pilze (in Scheiben geschnitten) bei mittlerer Hitze in eine große Grillpfanne geben.
b) Etwa 10 Minuten kochen, bis es weich ist. Herausnehmen und in eine Schüssel (mittelgroß) umfüllen. Beiseite legen.
c) Geben Sie das Chipotle-Gewürz und den Hüttenkäse in eine kleine Schüssel. Zum Einarbeiten gut umrühren.
d) Legen Sie die Tortillas auf die Grillpfanne und gießen Sie die Gemüsemischung über die Tortillas.
e) Streuen Sie die Hüttenkäse-Mischung darüber und garnieren Sie sie anschließend mit dem Cheddar-Käse (gerieben).
f) Eine weitere Tortilla über die Füllung legen.
g) Etwa 2 Minuten kochen lassen, dann umdrehen und noch eine Minute weitergaren.
h) Den Vorgang mit den restlichen Tortillas und der Füllung wiederholen.
i) Sofort mit der Salsa (mild) servieren.

46. Rind-Hähnchen-Fleischbällchen-Auflauf

Macht: 7

ZUTATEN:
- 1 Aubergine
- 10 Unzen gemahlenes Hühnchen
- 8 Unzen Hackfleisch
- 1 Teelöffel gehackter Knoblauch
- 1 Teelöffel gemahlener weißer Pfeffer
- 1 Tomate
- 1 Ei
- 1 Esslöffel Kokosmehl
- 8 Unzen Parmesan, gerieben
- 2 Esslöffel Butter
- ⅓ Tasse Sahne

ANWEISUNGEN:
a) Das Hähnchen- und Rinderhackfleisch in einer großen Schüssel vermischen.
b) Den gehackten Knoblauch und den gemahlenen weißen Pfeffer hinzufügen.
c) In der Schüssel das Ei mit der Hackfleischmischung aufschlagen und vorsichtig verrühren, bis alles gut vermischt ist.
d) Dann das Kokosmehl hinzufügen und vermischen.
e) Aus dem Hackfleisch kleine Frikadellen formen.
f) Heizen Sie die Heißluftfritteuse auf 360 F vor.
g) Bestreuen Sie die Korbschale der Heißluftfritteuse mit Butter und gießen Sie die Sahne hinein.
h) Die Aubergine schälen und hacken.
i) Die Fleischbällchen über die Sahne legen und mit der gehackten Aubergine bestreuen.
j) Die Tomate in Scheiben schneiden und über die Aubergine legen.
k) Legen Sie eine Schicht geriebenen Käse über die Tomatenscheiben.
l) Geben Sie den Auflauf in die Heißluftfritteuse und kochen Sie ihn 21 Minuten lang.
m) Lassen Sie den Auflauf vor dem Servieren auf Zimmertemperatur abkühlen.

47. Zitronen-Bratkartoffeln

Macht: 5

ZUTATEN:
- 3 Tassen Hühnerbrühe
- ½ Teelöffel gemahlener schwarzer Pfeffer
- 1 Teelöffel Oregano
- 2 Teelöffel Salz
- 2 Zitronen, der Saft sollte extrahiert werden
- ⅓ Tasse Olivenöl
- 3 Pfund Kartoffeln sollten geschält und in Spalten geschnitten werden

ANWEISUNGEN:
a) Heizen Sie Ihren Ofen auf 400F vor
b) Nehmen Sie eine große Schüssel und geben Sie alle Kartoffelspalten hinein. Sprühen Sie Zitronensaft und Olivenöl über die Spalten und vermischen Sie sie, bis sie bedeckt sind. Anschließend die Kartoffeln mit schwarzem Pfeffer, Oregano und Salz würzen und noch einmal umrühren, bis eine Schicht entsteht.
c) Nehmen Sie eine 5 cm tiefe Pfanne und verteilen Sie die Kartoffelspalten in einer einzigen Reihe darin. Als nächstes gießen Sie die Hühnerbrühe über die Kartoffeln.
d) Die Kartoffeln im bereits vorgeheizten Ofen rösten, bis sie in etwa 1 Stunde goldbraun und zart sind.

48. Italienischer Hähnchenauflauf

Macht: 6

ZUTATEN:
- ¼ Tasse Parmesankäse
- ½ Tasse fettarmer griechischer Naturjoghurt
- 4 Esslöffel Frischkäse
- 1 Tasse kohlenhydratarme Tomatensauce
- ½ Teelöffel italienisches Gewürz
- ½ Teelöffel Knoblauchpulver
- 10 Unzen zerkleinertes Hühnchen

ANWEISUNGEN:
a) Heizen Sie Ihren Ofen auf 350F vor
b) Nehmen Sie eine gefettete Auflaufform aus Glas und legen Sie das bereits zerkleinerte Hähnchen hinein.
c) Alle restlichen Zutaten außer dem Parmesankäse vermischen
d) Gießen Sie die Tomatensaucenmischung, die Sie haben, über das Huhn
e) Dann mit Parmesankäse belegen
f) 25–30 Minuten backen oder bis die Aufläufe Blasen bilden.

49. Magere und grüne knusprige Hühnchen-Tacos

Macht: 4

ZUTATEN:
- ½ Tasse natriumarme Hühnerbrühe
- 2 Hähnchenbrüste, gehackt
- 1 Knoblauchzehe, gehackt
- 3 Pflaumentomaten, gehackt
- 1 Teelöffel Kreuzkümmelpulver
- 1 Teelöffel Zimtpulver
- 1 Teelöffel gemahlener Koriander
- ½ rote Chili, gehackt
- 1 Esslöffel Limettensaft
- Fleisch von 1 reifen Avocado
- 1 Gurke

ANWEISUNGEN:
a) Einen Esslöffel Hühnerbrühe in eine Pfanne geben und bei mittlerer Flamme erhitzen. Hähnchen, Knoblauch und Tomaten in Wasser anbraten, 4 Minuten lang oder bis die Tomaten zusammengefallen sind.

b) Mit Kreuzkümmel, Zimt und Koriander würzen. Reduzieren Sie die Hitze auf eine niedrige Stufe und lassen Sie es weitere 5 Minuten kochen. Beiseite stellen und abkühlen lassen.

c) Fügen Sie Zwiebeln, Chili, Limettensaft und zerdrückte Avocado hinzu. Das ist die Salsa.

d) Die Salsa auslöffeln und auf die Gurkenscheiben legen. Mit gekochtem Hähnchen belegen.

50. Hähnchen - Puten- Hackbraten

Macht: 9

ZUTATEN:
- 3 Esslöffel Butter
- 10 Unzen gemahlener Truthahn
- 7 Unzen gehacktes Hühnchen
- 1 Teelöffel getrockneter Dill
- ½ Teelöffel gemahlener Koriander
- 2 Esslöffel Mandelmehl
- 1 Esslöffel gehackter Knoblauch
- 3 Unzen frischer Spinat
- 1 Teelöffel Salz
- 1 Ei
- ½ Esslöffel Paprika
- 1 Teelöffel Sesamöl

ANWEISUNGEN:
a) Geben Sie das Putenhackfleisch und das Hühnerhackfleisch in eine große Schüssel.
b) Das Fleisch mit getrocknetem Dill, gemahlenem Koriander, Mandelmehl, gehacktem Knoblauch, Salz und Paprika bestreuen.
c) Dann den frischen Spinat hacken und zur gemahlenen Geflügelmischung geben.
d) Schlagen Sie das Ei in die Fleischmischung und vermischen Sie es gut, bis eine glatte Konsistenz entsteht.
e) Fetten Sie die Korbschale der Heißluftfritteuse mit Olivenöl ein.
f) Heizen Sie die Heißluftfritteuse auf 350 F vor.
g) Rollen Sie die Hackfleischmischung vorsichtig, sodass eine flache Schicht entsteht.
h) Geben Sie die Butter in die Mitte der Fleischschicht.
i) Aus der Hackfleischmischung die Form des Hackbratens formen. Benutzen Sie für diesen Schritt Ihre Fingerspitzen.
j) Legen Sie den Hackbraten in die Korbschale der Heißluftfritteuse.
k) 25 Minuten kochen lassen.
l) Wenn der Hackbraten fertig ist, lassen Sie ihn vor dem Servieren ruhen.

51. Zitronen-Knoblauch-Oregano-Hähnchen mit Spargel

Macht: 4

ZUTATEN:
- 1 kleine Zitrone, entsaftet
- 1 ¾ Pfund Hähnchenschenkel mit Knochen und ohne Haut
- 2 Esslöffel frischer Oregano, gehackt
- 2 Knoblauchzehen, gehackt
- 2 lbs. Spargel, geputzt
- Jeweils ¼ Teelöffel oder weniger für schwarzen Pfeffer und Salz

ANWEISUNGEN:
a) Heizen Sie den Ofen auf etwa 350 °F vor.
b) Geben Sie das Huhn in eine mittelgroße Schüssel. Nun Knoblauch, Oregano, Zitronensaft, Pfeffer und Salz hinzufügen und vermengen.
c) Braten Sie das Hähnchen in der Heißluftfritteuse, bis es in etwa 40 Minuten eine Innentemperatur von 165 °F erreicht. Sobald die Hähnchenschenkel gar sind, nehmen Sie sie heraus und lassen Sie sie ruhen.
d) Dämpfen Sie nun den Spargel auf dem Herd oder in der Mikrowelle bis zum gewünschten Gargrad.
e) Spargel zu den gebratenen Hähnchenschenkeln servieren.

52. Hühnchen-Kokosnuss-Poppers

Macht: 6

ZUTATEN:
- ½ Tasse Kokosmehl
- 1 Teelöffel Chiliflocken
- 1 Teelöffel gemahlener schwarzer Pfeffer
- 1 Teelöffel Knoblauchpulver
- 11 Unzen Hähnchenbrust, ohne Knochen, ohne Haut
- 1 Esslöffel Olivenöl

ANWEISUNGEN:
a) Die Hähnchenbrust in große Würfel schneiden und in eine große Schüssel geben.
b) Die Hähnchenwürfel mit Chiliflocken, gemahlenem schwarzem Pfeffer und Knoblauchpulver bestreuen und mit den Händen gut umrühren.
c) Anschließend die Hähnchenwürfel mit Mandelmehl bestreuen.
d) Schütteln Sie die Schüssel mit den Hähnchenwürfeln vorsichtig, um das Fleisch zu bedecken.
e) Heizen Sie die Heißluftfritteuse auf 365 F vor.
f) Fetten Sie die Korbschale der Heißluftfritteuse mit Olivenöl ein.
g) Legen Sie die Hähnchenwürfel hinein.
h) Die Chicken Poppers 10 Minuten kochen lassen.
i) Drehen Sie die Chicken Poppers nach 5 Minuten Garzeit um.
j) Lassen Sie die gekochten Chicken Poppers vor dem Servieren abkühlen.

53. Margherita-Pizza mit Hähnchenkruste

Macht: 2

ZUTATEN:
- ¼ Tasse gehacktes Basilikum
- 2 Pflaumentomaten, in Scheiben geschnitten
- ½ Tasse Tomatensauce ohne Zuckerzusatz (wie Rao's Homemade)
- ½ Teelöffel italienisches Gewürz
- 2 Esslöffel geriebener Parmesankäse
- 1 Ei
- ½ Pfund gemahlene Hähnchenbrust

ANWEISUNGEN:
a) Ofen auf 400F vorheizen.
b) Die gemahlene Hähnchenbrust, das Ei, den Parmesankäse und die italienischen Gewürze in einer mittelgroßen Schüssel vermengen. Anschließend die Hähnchenmischung auf einem mit Backpapier ausgelegten, aber leicht gefetteten Backblech zu einer dünnen, runden Kruste formen. Etwa 20 Minuten lang backen, bis es goldbraun sein sollte.
c) Mit Tomatenscheiben, Käse und Soße belegen und backen, bis der Käse in etwa 7–10 Minuten geschmolzen ist.
d) Vor dem Servieren mit frischem Basilikum belegen.

54. Huhn Stir Fry

Macht: 4

ZUTATEN:
- ½ Tasse Hühnerbrühe, natriumarm
- 12 Unzen Hähnchenbrust ohne Haut, in Streifen geschnitten
- 1 Tasse rote Paprika, entkernt und gehackt
- 8 Unzen (1 Tasse) Brokkoli, in Röschen geschnitten
- 1 Teelöffel zerstoßener roter Pfeffer

ANWEISUNGEN:
a) Geben Sie eine kleine Menge Hühnerbrühe in einen Topf. Auf mittlerer Flamme erhitzen und das Hähnchen unterrühren.
b) Das Hähnchen im Wasser unter ständigem Rühren mindestens 5 Minuten anbraten.
c) Die restlichen Zutaten dazugeben und umrühren.
d) Abdecken und weitere 5 Minuten kochen lassen.

55. Griechische Insel-Hühnchen-Schaschliks

Macht: 6

ZUTATEN:
- 12 mittelgroße Rohlinge aus frischen Pilzen
- 12 Kirschtomaten
- 2 große rote oder grüne Paprika, in Scheiben geschnitten
- 2 Pfund Hähnchenbrust ohne Haut und Knochen
- ¼ Teelöffel gemahlener schwarzer Pfeffer
- ¼ Teelöffel Salz
- ½ Teelöffel getrockneter Thymian
- 1 Teelöffel getrockneter Oregano
- 1 Teelöffel gemahlener Kreuzkümmel
- 2 Knoblauchzehen zum Zerkleinern
- ¼ Tasse weißer Essig
- ¼ Tasse Zitronensaft
- ¼ Tasse Olivenöl

ANWEISUNGEN:
a) Schwarzen Pfeffer, Salz, Thymian, Oregano, Kreuzkümmel, Knoblauch, Essig, Zitronensaft und Olivenöl in einer großen Keramikschüssel oder einem Glas verquirlen. Fügen Sie Hühnchen hinzu und schwenken Sie es, um eine gründliche Schicht zu erhalten.

b) Decken Sie die Schüssel mit einer Plastikfolie ab und stellen Sie sie zum Marinieren für mindestens 2 Stunden in den Kühlschrank.

c) Legen Sie die Holzspieße in Wasser und lassen Sie sie etwa 30 Minuten einweichen, bevor Sie sie verwenden.

d) Besorgen Sie sich einen Außengrill, ölen Sie den Rost leicht ein und heizen Sie ihn bei mittlerer bis hoher Hitze vor.

e) Nehmen Sie das Hähnchen aus der Marinade und entfernen Sie überschüssige Flüssigkeit. Anschließend die restliche Marinade abschütten. Als nächstes stecken Sie das marinierte Hähnchen mit Pilzen, Kirschtomaten, Zwiebeln und Paprika auf die Spieße.

f) Anschließend die Spieße auf den bereits vorgeheizten Grill legen und garen, dabei so oft wie möglich wenden, bis sie von allen Seiten braun werden, ca. 10 Minuten warten, bis das Hähnchen in der Mitte nicht mehr rosa sein sollte.

56. Chicken Kabobs Mexicana

Macht: 4

ZUTATEN:
- 10 Kirschtomaten
- 1 rote Paprika, sollte in 2,5 cm große Stücke geschnitten werden
- 1 kleine Zucchini, sollte in ½-Zoll-Scheiben geschnitten werden
- 2 Brusthälften, ohne Knochen und Haut
- Schwarzer Pfeffer und Salz nach Geschmack
- 1 Limette, sollte entsaftet werden
- 2 Esslöffel gehackter frischer Koriander
- 1 Teelöffel gemahlener Kreuzkümmel
- 2 Esslöffel Olivenöl

ANWEISUNGEN:
a) Nehmen Sie eine flache Schüssel und vermischen Sie darin Limettensaft, gehackten Koriander, Kreuzkümmel und Olivenöl. Anschließend mit Pfeffer und Salz würzen. Fügen Sie Hühnchen hinzu und vermischen Sie es gut. Mit einem Deckel abdecken und mindestens 1 Stunde ruhen lassen.
b) Lassen Sie Ihren Grill bei starker Hitze vorheizen.
c) Tomaten, rote Paprika, Zwiebeln, Zucchini und Hühnchen auf Spieße stecken.
d) Bestreichen Sie den Grill mit Öl und legen Sie die Spieße auf den heißen Rost. Lassen Sie es etwa 10 Minuten lang kochen, bis das Huhn vollständig gegart ist. Sie sollten es in regelmäßigen Abständen wenden, damit alle Seiten gut gegart sind.

57. Sommerliche Hähnchenburger

Macht: 7

ZUTATEN:
- 4 Scheiben Provolone-Käse
- 4 Esslöffel Mayonnaise
- 4 Rollen (Rohlinge) Hamburgerbrötchen
- Pfeffer und Salz nach Geschmack
- 4 Brusthälften ohne Knochen und Haut, Hähnchenbrusthälften ohne Knochen und ohne Haut
- 1 große Vidalia-Zwiebel, in Ringe schneiden
- 1 Esslöffel Butter
- 1 Esslöffel Zitronensaft
- 1 reife Avocado, sollte in Scheiben geschnitten werden

ANWEISUNGEN:
a)   Nehmen Sie eine kleine Schüssel und vermischen Sie den Zitronensaft und die geschnittene Avocado. Fügen Sie Wasser hinzu, bis es bedeckt ist, und stellen Sie es beiseite. Besorgen Sie sich einen Außengrill, tragen Sie ein leichtes Öl auf den Rost auf und heizen Sie ihn bei starker Hitze vor.

b)   Butter in eine große, schwere Pfanne geben und bei mittlerer bis hoher Hitze erhitzen. Die Zwiebeln anbraten, bis sie braun und karamellisiert sind, dann beiseite stellen.

c)   Das Hähnchen mit Pfeffer und Salz würzen. Legen Sie es auf den Grill und lassen Sie es etwa 5 Minuten pro Seite kochen, bis der Bratensaft trocken ist und es nicht mehr rosa ist. Legen Sie die Brötchen auf den Grill, bis sie geröstet sind.

d)   Als nächstes bestreichen Sie die Brötchen nach Belieben mit Mayonnaise und belegen sie dann mit Avocado, Provolone, karamellisierten Zwiebeln und Hühnchen.

58. Garnelen mit Knoblauch

Macht: 2

ZUTATEN:
- 1 Pfund Garnelen
- ¼ Teelöffel Backpulver
- 2 Esslöffel Öl
- 2 Teelöffel gehackter Knoblauch
- ¼ Tasse Wermut
- 2 Esslöffel ungesalzene Butter
- 1 Teelöffel Petersilie

ANWEISUNGEN:
a) In einer Schüssel Garnelen mit Backpulver und Salz vermengen und einige Minuten stehen lassen
b) In einer Pfanne Olivenöl erhitzen und Garnelen hinzufügen
c) Knoblauch und Paprikaflocken hinzufügen und 1-2 Minuten kochen lassen
d) Wermut hinzufügen und weitere 4-5 Minuten kochen lassen
e) Wenn es fertig ist, vom Herd nehmen und servieren

59. Moules Marinieres

Macht: 4

ZUTATEN:
- 2 Esslöffel ungesalzene Butter
- 1 Lauch
- 1 Schalotte
- 2 Knoblauchzehen
- 2 Lorbeerblätter
- 1 Tasse Weißwein
- 2 Pfund Muscheln
- 2 Esslöffel Mayonnaise
- 1 Esslöffel Zitronenschale
- 2 Esslöffel Petersilie
- 1 Sauerteigbrot

ANWEISUNGEN:
a) In einem Topf Butter schmelzen, Lauch, Knoblauch, Lorbeerblätter und Schalotte hinzufügen und kochen, bis das Gemüse weich ist
b) Zum Kochen bringen, Muscheln hinzufügen und 1-2 Minuten kochen lassen
c) Muscheln in eine Schüssel geben und abdecken
d) Restliche Butter mit Mayonnaise unterrühren und die Muscheln wieder in den Topf geben
e) Zitronensaft und Petersilie-Zitronenschale hinzufügen und verrühren

60. Gedämpfte Muscheln mit Kokos-Curry

Macht: 4

ZUTATEN:
- 6 Zweige Koriander
- 2 Knoblauchzehen
- 2 Schalotten
- ¼ Teelöffel Koriandersamen
- ¼ Teelöffel rote Chiliflocken
- 1 Teelöffel Schale
- 1 Dose Kokosmilch
- 1 Esslöffel Pflanzenöl
- 1 Esslöffel Currypaste
- 1 Esslöffel brauner Zucker
- 1 Esslöffel Fischsauce
- 2 Pfund Muscheln

ANWEISUNGEN:
a) In einer Schüssel Limettenschale, Korianderstiele, Schalotte, Knoblauch, Koriandersamen, Chili und Salz vermischen
b) In einem Topf Öl erhitzen, Knoblauch, Schalotten, zerstoßene Paste und Currypaste hinzufügen
c) 3-4 Minuten kochen lassen, Kokosmilch, Zucker und Fischsauce hinzufügen
d) Zum Kochen bringen und Muscheln hinzufügen
e) Limettensaft und Korianderblätter einrühren und noch ein paar Minuten kochen lassen
f) Wenn es fertig ist, vom Herd nehmen und servieren.

61. Thunfisch Nudel Auflauf

Macht: 4

ZUTATEN:
- 2 Unzen Eiernudeln
- 4 Unzen Fraiche
- 1 Ei
- 1 Esslöffel Saft von 1 Zitrone
- 1 Dose Thunfisch
- ¼ Tasse Petersilie

ANWEISUNGEN:
a) Nudeln in einen Topf mit Wasser geben und zum Kochen bringen
b) In einer Schüssel Ei, Crème Fraiche und Zitronensaft vermischen und gut verrühren
c) Wenn die Nudeln gar sind, die Crème-fraîche-Mischung in die Pfanne geben und gut vermischen
d) Thunfisch und Petersilie-Zitronensaft hinzufügen und gut vermischen
e) Wenn es fertig ist, vom Herd nehmen und servieren.

62. Lachsburger

Macht: 4

ZUTATEN:
- 1 Pfund Lachsfilets
- ¼ Dillwedel
- 1 Esslöffel Honig
- 1 Esslöffel Meerrettich
- 1 Esslöffel Senf
- 1 Esslöffel Olivenöl
- 2 geröstete geteilte Brötchen
- 1 Avocado

ANWEISUNGEN:
a) Lachsfilets in einen Mixer geben und glatt pürieren, in eine Schüssel geben, Dill, Honig und Meerrettich hinzufügen und gut vermischen
b) Salz und Pfeffer hinzufügen und 4 Patties formen
c) In einer Schüssel Senf, Honig, Mayonnaise und Dill vermischen
d) Öl in einer Pfanne erhitzen, Lachsfrikadellen hinzufügen und auf jeder Seite 2-3 Minuten braten
e) Wenn es fertig ist, vom Herd nehmen
f) Salat und Zwiebeln auf die Brötchen verteilen
g) Legen Sie das Lachspastetchen darauf und geben Sie die Senfmischung und die Avocadoscheiben darauf

63. Gebratene Jakobsmuscheln

Macht: 4

ZUTATEN:
- 1 Pfund Jakobsmuscheln
- 1 Esslöffel Rapsöl

ANWEISUNGEN:
a) Jakobsmuscheln würzen und einige Minuten im Kühlschrank lagern
b) In einer Pfanne Öl erhitzen, Jakobsmuscheln hinzufügen und auf jeder Seite 1–2 Minuten braten
c) Wenn es fertig ist, vom Herd nehmen und servieren

64. Schwarzer Kabeljau

Macht: 4

ZUTATEN:
- ¼ Tasse Misopaste
- ¼ Tasse Sake
- 1 Esslöffel Mirin
- 1 Teelöffel Sojasauce
- 1 Esslöffel Olivenöl
- 4 schwarze Kabeljaufilets

ANWEISUNGEN:
a) In einer Schüssel Miso, Sojasauce, Öl und Sake vermischen
b) Die Kabeljaufilets mit der Mischung einreiben und 20–30 Minuten marinieren lassen
c) Den Broiler anpassen und die Kabeljaufilets 10-12 Minuten grillen
d) Wenn der Fisch gar ist, nehmen Sie ihn heraus und servieren Sie ihn

65. Mit Miso glasierter Lachs

Macht: 4

ZUTATEN:
- ¼ Tasse rotes Miso
- ¼ Tasse Sake
- 1 Esslöffel Sojasauce
- 1 Esslöffel Pflanzenöl
- 4 Lachsfilets

ANWEISUNGEN:
a) In einer Schüssel Sake, Öl, Sojasauce und Miso vermischen
b) Lachsfilets mit der Mischung einreiben und 20–30 Minuten marinieren
c) Einen Grill vorheizen
d) Lachs 5-10 Minuten braten
e) Wenn es fertig ist, herausnehmen und servieren

GEMÜSESPEISEN

66. Zucchini-Pasta mit Basilikumpesto

Macht: 4

ZUTATEN:
- 2 mittelgroße Zucchini, spiralisiert
- 2 Tassen Basilikumblätter
- Saft von 1 Zitrone, frisch gepresst
- 3 Knoblauchzehen, gehackt
- ½ Tasse Cashewnüsse, über Nacht in Wasser eingeweicht und dann abgetropft

ANWEISUNGEN:
a) Zucchinistreifen auf einen Teller legen.
b) Die restlichen Zutaten in eine Küchenmaschine geben und pürieren, bis eine glatte Masse entsteht.
c) Soße über die Zucchini gießen und servieren.

67. Brokkoli und Tomaten

Macht: 3

ZUTATEN:
- 1 Kopf Brokkoli, in Röschen schneiden und dann blanchieren
- ¼ Tasse Tomaten, gewürfelt
- Salz und Pfeffer nach Geschmack
- Gehackte Petersilie zum Garnieren

ANWEISUNGEN:
a) Alle Zutaten in eine Schüssel geben.
b) Alle Zutaten gut umrühren.
c) Aufschlag.

68. Zucchini-Fettuccine mit mexikanischem Taco

Macht: 6

ZUTATEN:
- 1 Esslöffel Olivenöl
- 1 Pfund mageres Putenhackfleisch
- 1 Knoblauchzehe, gehackt
- 1 Esslöffel Chilipulver
- ¼ Teelöffel Knoblauchpulver
- ¼ Teelöffel Zwiebelpulver
- ¼ Teelöffel getrockneter Oregano
- 1 ½ Teelöffel gemahlener Kreuzkümmel
- ¼ Tasse Wasser
- ¼ Tasse gewürfelte Tomaten
- 2 große Zucchini, spiralisiert
- ½ Tasse geriebener Cheddar-Käse

ANWEISUNGEN:
a) Öl in einen Topf geben und bei mittlerer Flamme erhitzen.
b) Braten Sie den Truthahn zwei Minuten lang an, bevor Sie Knoblauch und Zwiebeln hinzufügen. Noch eine Minute rühren.
c) Mit Chilipulver, Knoblauchpulver, Zwiebelpulver, Oregano und gemahlenem Kreuzkümmel würzen. Noch eine Minute anbraten
d) bevor Sie das Wasser und die Tomaten hinzufügen.
e) Den Deckel schließen und 7 Minuten köcheln lassen.
f) Zucchini und Käse dazugeben und weitere 3 Minuten kochen lassen.

69. Grüne Bohnen

Macht: 4

ZUTATEN:
- 11 Unzen grüne Bohnen
- 1 Esslöffel Zwiebelpulver
- 1 Esslöffel Olivenöl
- ½ Teelöffel Salz
- ¼ Teelöffel rote Paprikaflocken

ANWEISUNGEN:
a) Die grünen Bohnen gründlich waschen und in die Schüssel geben.
b) Die grünen Bohnen mit Löwenpulver, Salz, Chilis und Olivenöl bestreuen.
c) Schütteln Sie die grüne Bohne vorsichtig.
d) Heizen Sie den 400F-Luftkühlschrank vor.
e) Die grünen Bohnen in die Fritteuse geben und 8 Minuten garen.
f) Als nächstes schütteln Sie die grünen Bohnen und kochen Sie sie mindestens 4 Minuten lang bei 400 F.

70. Pilzcreme-Satay

Macht: 6

ZUTATEN:
- 7 Unzen Cremini-Pilze
- 2 Esslöffel Kokosmilch
- 1 Esslöffel Butter
- 1 Teelöffel Chiliflocken
- ½ Teelöffel Balsamico-Essig
- ½ Teelöffel Currypulver
- ½ Teelöffel weißer Pfeffer

ANWEISUNGEN:
a) Die Pilze sorgfältig waschen.
b) Anschließend die Pilze mit Chiliflocken, Currypulver und weißem Pfeffer bestreuen.
c) Heizen Sie die Heißluftfritteuse auf 400 F vor.
d) Geben Sie die Butter in den Heißluftfritteusenkorb und schmelzen Sie sie.
e) Die Pilze in die Heißluftfritteuse geben und 2 Minuten kochen lassen.
f) Die Pilze gut schütteln und mit Kokosmilch und Balsamico-Essig beträufeln.
g) Kochen Sie die Pilze weitere 4 Minuten bei 400 F.
h) Anschließend die Pilze auf die Holzstäbchen spießen und servieren.

71. Linsen-Hamburger mit Karotten

Macht: 4

ZUTATEN:
- 6 Unzen Linsen, gekocht
- 1 Ei
- 2 Unzen Karotte, gerieben
- 1 Teelöffel Grieß
- ½ Teelöffel Salz
- 1 Teelöffel Kurkuma
- 1 Esslöffel Butter

ANWEISUNGEN:
a) Schlagen Sie das Ei in die Schüssel und verquirlen Sie es.
b) Die gekochten Linsen hinzufügen und die Mischung mit Hilfe der Gabel zerdrücken.
c) Anschließend die Mischung mit geriebener Karotte, Grieß, Salz und Kurkuma bestreuen.
d) Mischen Sie alles und machen Sie mittelgroße Burger.
e) Die Butter in die Linsenburger geben. Dadurch werden sie saftig.
f) Heizen Sie die Heißluftfritteuse auf 360 F vor.
g) Die Linsenburger in die Heißluftfritteuse geben und 12 Minuten garen.
h) Drehen Sie die Burger nach 6 Minuten Garzeit auf die andere Seite.
i) Anschließend die gekochten Linsenburger abkühlen lassen und servieren.

72. Gebratene Süßkartoffeln mit Parmesan

Macht: 2

ZUTATEN:
- 2 Süßkartoffeln, geschält
- ½ gelbe Zwiebel, in Scheiben geschnitten
- ½ Tasse Sahne
- ¼ Tasse Spinat
- 2 Unzen Parmesankäse, gerieben
- ½ Teelöffel Salz
- 1 Tomate
- 1 Teelöffel Olivenöl

ANWEISUNGEN:
a) Die Süßkartoffeln hacken.
b) Die Tomate hacken.
c) Den Spinat hacken.
d) Sprühen Sie das Olivenöl auf die Heißluftfritteuse.
e) Dann auf die Schicht der gehackten Süßkartoffeln legen.
f) Fügen Sie die Schicht der geschnittenen Zwiebel hinzu.
g) Anschließend die geschnittenen Zwiebeln mit dem gehackten Spinat und den Tomaten bestreuen.
h) Den Auflauf mit Salz und geriebenem Käse bestreuen.
i) Sahne einfüllen.
j) Heizen Sie die Heißluftfritteuse auf 390 F vor.
k) Decken Sie das Heißluftfritteusenblech mit der Folie ab.
l) Den Auflauf 35 Minuten kochen lassen.

73. Blumenkohlbündel mit Rosmarinduft

Macht: 4

ZUTATEN:
- ⅓ Tasse Mandelmehl
- 4 Tassen geriebener Blumenkohl
- ⅓ Tasse fettarmer, geriebener Mozzarella oder Cheddar-Käse
- 2 Eier
- 2 Esslöffel frischer Rosmarin, fein gehackt
- ½ Teelöffel Salz

ANWEISUNGEN:
a) Heizen Sie Ihren Backofen auf 400 °F vor
b) Alle Zutaten in einer mittelgroßen Schüssel vermischen
c) Die Blumenkohlmischung in 12 gleichmäßig große Rollen/Kekse auf einem leicht gefetteten und mit Folie ausgelegten Backblech verteilen.
d) Backen, bis es goldbraun wird, was in etwa 30 Minuten erreicht sein sollte.

74. Pesto-Zucchini-Nudeln

Macht: 4

ZUTATEN:
- 4 Zucchini, spiralisiert
- 1 Esslöffel Avocadoöl
- 2 Knoblauchzehen, gehackt
- ⅔ Tasse Olivenöl
- ⅓ Tasse Parmesankäse, gerieben
- 2 Tassen frisches Basilikum
- ⅓ Tasse Mandeln
- ⅛ Teelöffel schwarzer Pfeffer
- ¾ Teelöffel Meersalz

ANWEISUNGEN:
a) Zucchininudeln in ein Sieb geben und mit ¼ Teelöffel Salz bestreuen.
b) Abdecken und 30 Minuten ruhen lassen.
c) Zucchininudeln gut abtropfen lassen und trocken tupfen.
d) Heizen Sie den Ofen auf 400 °F vor.
e) Mandeln auf ein mit Backpapier ausgelegtes Backblech legen und 6–8 Minuten backen.
f) Geröstete Mandeln in die Küchenmaschine geben und grob verarbeiten.
g) Olivenöl, Käse, Basilikum, Knoblauch, Pfeffer und das restliche Salz mit den Mandeln in eine Küchenmaschine geben und zu einer Pesto-Textur verarbeiten.
h) Avocadoöl in einer großen Pfanne bei mittlerer bis hoher Hitze kochen.
i) Zucchininudeln hinzufügen und 4-5 Minuten kochen lassen.
j) Pesto über die Zucchininudeln gießen, gut vermischen und 1 Minute kochen lassen.
k) Sofort mit gebackenem Lachs servieren.

75. Ahorn-Zitronen-Tempeh-Würfel

Macht: 4

ZUTATEN:
- Tempeh; 1 Paket
- Kokosnussöl; 2 bis 3 Teelöffel
- Zitronensaft; 3 Esslöffel
- Ahornsirup; 2 Teelöffel
- 1 bis 2 Teelöffel Liquid Aminos oder natriumarmes Tamari
- Wasser; 2 Teelöffel
- Getrocknetes Basilikum; ¼ Teelöffel
- Knoblauchpulver; ¼ Teelöffel
- Schwarzer Pfeffer (frisch gemahlen); schmecken

ANWEISUNGEN:
a) Heizen Sie Ihren Backofen auf 400 °C vor.
b) Schneiden Sie Ihren Tempeh-Block in mundgerechte Quadrate.
c) Kokosöl bei mittlerer bis hoher Hitze in einer beschichteten Pfanne kochen.
d) Sobald es geschmolzen und erhitzt ist, fügen Sie das Tempeh hinzu und kochen Sie es auf einer Seite 2–4 Minuten lang oder bis das Tempeh eine goldbraune Farbe annimmt.
e) Die Tempeh-Stücke umdrehen und 2-4 Minuten kochen lassen.
f) Zitronensaft, Tamari, Ahornsirup, Basilikum, Wasser, Knoblauch und schwarzen Pfeffer vermischen, während Tempeh bräunt.
g) Geben Sie die Mischung über den Tempeh und schwenken Sie sie, bis der Tempeh bedeckt ist.
h) 2–3 Minuten anbraten, dann den Tempeh wenden und weitere 1–2 Minuten anbraten.
i) Das Tempeh sollte auf beiden Seiten weich und orange sein.

76. Rucola-Süßkartoffel-Salat

Macht: 4

ZUTATEN:
- 1 Pfund Süßkartoffeln
- 1 Tasse Walnüsse
- 1 Esslöffel Olivenöl
- 1 Tasse Wasser
- 1 Esslöffel Sojasauce
- 3 Tassen Rucola

ANWEISUNGEN:

a) Kartoffeln bei 200 °C backen, bis sie weich sind, herausnehmen und beiseite stellen

b) In einer Schüssel Walnüsse mit Olivenöl beträufeln und 2-3 Minuten in der Mikrowelle erhitzen, bis sie geröstet sind

c) In einer Schüssel alle Salatzutaten vermengen und gut vermischen

d) Sojasauce darübergießen und servieren

77. Rindfleisch mit Brokkoli oder Blumenkohlreis

Macht: 2

ZUTATEN:
- 1 Pfund rohes, rundes Rindersteak, in Streifen geschnitten
- 1 Esslöffel + 2 Teelöffel natriumarme Sojasauce
- 1 Splenda-Paket
- ½ Tasse Wasser
- 1 ½ Tassen Brokkoliröschen
- 1 Teelöffel Sesam- oder Olivenöl
- 2 Tassen gekochter, geriebener Blumenkohl oder gefrorener Reisblumenkohl

ANWEISUNGEN:
a) Steak mit Sojasauce verrühren und etwa 15 Minuten ruhen lassen.
b) Öl bei mittlerer bis hoher Hitze erhitzen und das Rindfleisch 3–5 Minuten lang oder bis es braun ist anbraten.
c) Aus der Pfanne nehmen.
d) Brokkoli, Splenda und Wasser hinzufügen.
e) Abdecken und 5 Minuten kochen lassen oder bis der Brokkoli weich wird, dabei gelegentlich umrühren.
f) Fügen Sie das Rindfleisch wieder hinzu und erhitzen Sie es gründlich.
g) Servieren Sie das Gericht mit Blumenkohlreis.

78. Hühner-Zucchini-Nudeln

Macht: 2

ZUTATEN:
- 1 große Zucchini, spiralisiert
- 1 Hähnchenbrust, ohne Haut und Knochen
- ½ Esslöffel Jalapeno, gehackt
- 2 Knoblauchzehen, gehackt
- ½ Teelöffel Ingwer, gehackt
- ½ Esslöffel Fischsauce
- 2 Esslöffel Kokoscreme
- ½ Esslöffel Honig
- ½ Limettensaft
- 1 Esslöffel Erdnussbutter
- 1 Karotte, gehackt
- 2 Esslöffel Cashewnüsse, gehackt
- ¼ Tasse Koriander
- 1 Esslöffel Olivenöl

ANWEISUNGEN:
a) Olivenöl in einer Pfanne bei mittlerer bis hoher Hitze kochen.
b) Hähnchenbrust mit Pfeffer und Salz würzen.
c) Sobald das Öl heiß ist, die Hähnchenbrust in die Pfanne geben und auf jeder Seite 3-4 Minuten braten, bis sie gar sind.
d) Hähnchenbrust aus der Pfanne nehmen.
e) Hähnchenbrust mit einer Gabel zerkleinern und beiseite stellen.
f) In einer kleinen Schüssel Erdnussbutter, Jalapeno, Knoblauch, Ingwer, Fischsauce, Kokoscreme, Honig und Limettensaft vermischen.
g) Beiseite legen.
h) In einer großen Rührschüssel spiralisierte Zucchini, Karotten, Cashewnüsse, Koriander und zerkleinertes Hähnchen vermengen.
i) Die Erdnussbuttermischung über die Zucchininudeln gießen und vermengen.
j) Sofort servieren und genießen.

79. Slow Cooker Spaghetti

Macht: 8

ZUTATEN:
- 1 Unze Olivenöl
- 4 Unzen italienische Wurst
- 16 Unzen Rinderhackfleisch
- 1 Teelöffel italienisches Gewürz, getrocknet
- ½ Teelöffel Majoran, getrocknet
- 1 Teelöffel Knoblauchpulver
- 29-Unzen-Dosen-Tomatensauce
- 6 Unzen Tomatenmark aus der Dose
- 1 4 ½ Unzen Dosentomaten nach italienischer Art, gewürfelt
- ¼ Teelöffel Thymianblätter, getrocknet
- ¼ Teelöffel Basilikum, getrocknet
- ½ Teelöffel Oregano
- ⅓-Unze Knoblauchpulver
- ½ Unze weißer Zucker

ANWEISUNGEN:
a) Öl in einer großen Bratpfanne bei mittlerer Hitze vorheizen. Zwiebeln und Wurst im Öl anbraten, bis die Zwiebeln glasig sind und die Wurst gleichmäßig gebräunt ist.
b) Geben Sie die Wurst in den Topf Ihres Slow Cookers.
c) Majoran, Rinderhackfleisch, Gewürze und 1 Teelöffel Knoblauch in derselben Bratpfanne 10 Minuten lang anbraten, bis das Fleisch krümelig und gleichmäßig gebräunt ist.
d) Übertragen Sie das Rindfleisch in den Slow Cooker. Die restlichen Zutaten in den Slow Cooker geben und 8 Stunden lang auf niedriger Stufe kochen.

80. Rindfleisch Lo Mein

Macht: 4

ZUTATEN:
- 8 Unzen ungekochte Spaghetti
- 1 Teelöffel Sesamöl
- ½ Unze Erdnussöl
- 4 gehackte Knoblauchzehen
- ½ Unze Ingwer, gehackt
- 32 Unzen gemischtes Gemüse
- 16 Unzen dünn geschnittenes Flanksteak
- 1 ½ Unze Sojasauce
- 1 Unze brauner Zucker
- ½ Unze Austernsauce
- ½ Unze Chilipaste mit Knoblauchgeschmack

ANWEISUNGEN:
a) Salzwasser aufkochen und Spaghetti-Nudeln 12 Minuten kochen
b) Die Nudeln abgießen und in eine große Schüssel geben.
c) Die Nudeln mit Sesamöl vermengen und die Schüssel abdecken, um die Nudeln warm zu halten.
d) Erdnussöl in einer großen Bratpfanne bei mittlerer bis hoher Hitze erhitzen und Knoblauch und Ingwer 30 Sekunden lang in Öl anbraten.
e) Geben Sie das Gemüse in die Pfanne und kochen Sie es 5 Minuten lang. Fügen Sie dann das Rindfleisch hinzu und kochen Sie es weitere 5 Minuten lang oder bis es durchgeheizt ist.
f) Alle Zutaten 3 Minuten lang vermischen, bis sie heiß sind.

SUPPE UND EINTOPF

81. Gebratene Tomatensuppe

Macht: 6

ZUTATEN:
- 3 Pfund Tomaten halbiert
- 6 Knoblauch (zerdrückt)
- 4 Teelöffel Speiseöl oder natives Öl
- Salz nach Geschmack
- ¼ Tasse Sahne (optional)
- In Scheiben geschnittene frische Basilikumblätter zum Garnieren

ANWEISUNGEN:
a)   Ofen bei mittlerer Hitze von ca. 200 °C vorheizen.
b)   Mischen Sie in Ihrer Rührschüssel die halbierten Tomaten, Knoblauch, Olivenöl, Salz und Pfeffer
c)   Die Tomatenmischung auf dem bereits vorbereiteten Backblech verteilen
d)   20–28 Minuten lang rösten und umrühren
e)   Anschließend aus dem Ofen nehmen und das geröstete Gemüse nun in einen Suppentopf umfüllen
f)   Die Basilikumblätter unterrühren
g)   In kleinen Portionen im Mixer mixen
h)   Sofort servieren

82. Cheeseburger Suppe

Macht: 4

ZUTATEN:
- 14,5 Unzen können Tomaten würfeln
- 1 Pfund 90 % mageres Rinderhackfleisch
- ¾ Tasse gehackter Sellerie
- 2 Teelöffel Worcestershire-Sauce
- 3 Tassen natriumarme Hühnerbrühe
- ¼ Teelöffel Salz
- 1 Teelöffel getrocknete Petersilie
- 7 Tassen Babyspinat
- ¼ Teelöffel gemahlener Pfeffer
- 4 Unzen fettreduzierter geriebener Cheddar-Käse

ANWEISUNGEN:
a) Nehmen Sie einen großen Suppentopf und kochen Sie das Rindfleisch, bis es braun wird.
b) Den Sellerie hinzufügen und anbraten, bis er weich ist.
c) Vom Herd nehmen und überschüssige Flüssigkeit abgießen. Brühe, Tomaten, Petersilie, Worcestershire-Sauce, Pfeffer und Salz einrühren.
d) Mit dem Deckel abdecken und bei schwacher Hitze etwa 20 Minuten köcheln lassen.
e) Spinat hinzufügen und kochen lassen, bis er in etwa 1–3 Minuten zusammenfällt.
f) Belegen Sie jede Ihrer Portionen mit 1 Unze Käse.

83. Schnelles Linsen-Chili

Macht: 10

ZUTATEN:
- 1½ Tassen entkernte oder gewürfelte Paprika
- 5 Tassen Gemüsebrühe (sie sollte einen niedrigen Natriumgehalt haben)
- 1 Esslöffel Knoblauch
- ¼ Teelöffel frisch gemahlener Pfeffer
- 1 Tasse rote Linsen
- 3 gefüllte Teelöffel Chilipulver
- 1 Esslöffel gemahlener Kreuzkümmel

ANWEISUNGEN:
a)   Stellen Sie Ihren Topf auf mittlere Hitze
b)   Kombinieren Sie Zwiebeln, rote Paprika, natriumarme Gemüsebrühe, Knoblauch, Salz und Pfeffer
c)   Kochen und ständig umrühren, bis die Zwiebeln glasiger werden und die gesamte Flüssigkeit verdampft ist. Dies dauert etwa 10 Minuten.
d)   Restliche Brühe, Limettensaft, Chilipulver, Linsen, Kreuzkümmel hinzufügen und aufkochen.
e)   An dieser Stelle die Hitze reduzieren und zugedeckt etwa 15 Minuten köcheln lassen, bis die Linsen richtig gegart sind
f)   Etwas Wasser darüber träufeln, wenn die Mischung dickflüssig erscheint.
g)   Das Chili ist gar, wenn das meiste Wasser aufgesogen ist.
h)   Servieren und genießen.

84. Zitronen-Knoblauch-Hähnchen

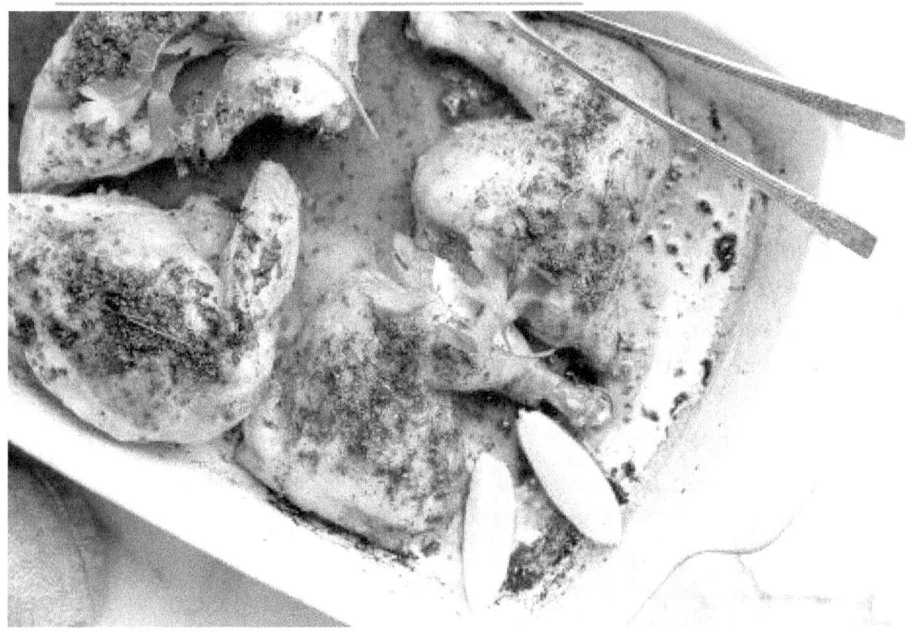

Macht: 4

ZUTATEN:
- 1 kleine Zitrone, entsaftet
- 1 ¾ Pfund Hähnchenschenkel mit Knochen und ohne Haut
- 2 Esslöffel frischer Oregano, gehackt
- 2 Knoblauchzehen, gehackt
- 2 lbs. Spargel, geputzt
- Jeweils ¼ Teelöffel oder weniger für schwarzen Pfeffer und Salz

ANWEISUNGEN:
a) Heizen Sie den Ofen auf etwa 350 °F vor. Geben Sie das Huhn in eine mittelgroße Schüssel.
b) Nun Knoblauch, Oregano, Zitronensaft, Pfeffer und Salz hinzufügen und vermengen.
c) 40 Minuten rösten.
d) Sobald die Hähnchenschenkel gar sind, nehmen Sie sie heraus und lassen Sie sie ruhen.
e) Dämpfen Sie nun den Spargel auf dem Herd oder in der Mikrowelle bis zum gewünschten Gargrad.
f) Spargel zu den gebratenen Hähnchenschenkeln servieren.

85. Cremige Blumenkohlsuppe

Macht: 6

ZUTATEN:
- 5 Tassen Blumenkohlreis
- 8 Unzen Cheddar-Käse, gerieben
- 2 Tassen ungesüßte Mandelmilch
- 2 Tassen Gemüsebrühe
- 2 Esslöffel Wasser
- 2 Knoblauchzehen, gehackt
- 1 Esslöffel Olivenöl

ANWEISUNGEN:
a) Olivenöl in einem großen Suppentopf bei mittlerer Hitze kochen.
b) Knoblauch hinzufügen und 1-2 Minuten kochen lassen. Blumenkohlreis und Wasser hinzufügen.
c) Abdecken und 5-7 Minuten kochen lassen.
d) Nun Gemüsebrühe und Mandelmilch hinzufügen und gut umrühren.
e) Zum Kochen bringen.
f) Die Hitze auf niedrig stellen und 5 Minuten köcheln lassen.
g) Schalten Sie die Heizung aus.
h) Den Cheddar-Käse langsam hinzufügen und glatt rühren.
i) Suppe mit Pfeffer und Salz würzen.
j) Gut umrühren und heiß servieren.

86. Crockpot Hühner-Taco-Suppe

Macht: 6

ZUTATEN:
- 2 gefrorene Hähnchenbrust ohne Knochen
- 2 Dosen weiße Bohnen oder schwarze Bohnen
- 1 Dose gewürfelte Tomaten
- ½ Päckchen Taco-Gewürz
- ½ Teelöffel Knoblauchsalz
- 1 Tasse Hühnerbrühe
- Salz und Pfeffer nach Geschmack
- Tortillachips, Käse-Sauerrahm und Koriander als Belag

ANWEISUNGEN:
a) Geben Sie Ihr gefrorenes Hähnchen in den Topf und geben Sie die anderen Zutaten ebenfalls in den Pool.
b) Etwa 6-8 Stunden kochen lassen.
c) Nehmen Sie das Hähnchen nach dem Garen heraus und zerteilen Sie es auf die gewünschte Größe.
d) Zum Schluss das zerkleinerte Hähnchen in den Schmortopf geben und auf einen Slow Cooker stellen. Umrühren und kochen lassen.
e) Sie können auch mehr Bohnen und Tomaten hinzufügen, um das Fleisch zu dehnen und schmackhafter zu machen.

87. Tofu unter Rühren mit Spargeleintopf anbraten

Macht: 4

ZUTATEN:
- 1 Pfund Spargel, Stiele abschneiden
- 2 Esslöffel Olivenöl
- 2 Blöcke Tofu, gepresst und gewürfelt
- 2 Knoblauchzehen, gehackt
- 1 Teelöffel Cajun-Gewürzmischung
- 1 Teelöffel Senf
- 1 Paprika, gehackt
- ¼ Tasse Gemüsebrühe
- Salz und schwarzer Pfeffer nach Geschmack

ANWEISUNGEN:
a) Geben Sie den Spargel in einen großen Topf mit leicht gesalzenem Wasser und kochen Sie ihn 10 Minuten lang, bis er weich ist. Abfluss.
b) Stellen Sie einen Wok auf hohe Hitze und erwärmen Sie das Olivenöl. Tofuwürfel einrühren und 6 Minuten kochen lassen.
c) Geben Sie den Knoblauch hinein und kochen Sie ihn 30 Sekunden lang, bis er weich ist.
d) Die restlichen Zutaten, einschließlich des reservierten Spargels, unterrühren und weitere 4 Minuten kochen lassen.
e) Auf Teller verteilen und servieren.

88. Thymian-Tomatencremesuppe

Macht: 6

ZUTATEN:
- 2 Esslöffel Ghee
- ½ Tasse rohe Cashewnüsse, gewürfelt
- 2 (28 Unzen) Dosen Tomaten
- 1 Teelöffel frische Thymianblätter + etwas mehr zum Garnieren
- 1 ½ Tassen Wasser
- Salz und schwarzer Pfeffer nach Geschmack

ANWEISUNGEN:
a) Ghee in einem Topf bei mittlerer Hitze kochen und die Zwiebeln 4 Minuten anbraten, bis sie weich sind.
b) Tomaten, Thymian, Wasser und Cashewnüsse unterrühren und mit Salz und schwarzem Pfeffer würzen.
c) Abdecken und 10 Minuten köcheln lassen, bis alles durchgegart ist.
d) Öffnen Sie, schalten Sie den Herd aus und pürieren Sie die Zutaten mit einem Stabmixer.
e) Nach Geschmack abschmecken und die Sahne unterrühren.
f) In Suppentassen füllen und servieren.

89. Pilz - Jalapeño-Eintopf

Macht: 4

ZUTATEN:
- 2 Teelöffel Olivenöl
- 1 Tasse Lauch, gehackt
- 1 Knoblauchzehe, gehackt
- ½ Tasse Selleriestangen, gehackt
- ½ Tasse Karotten, gehackt
- 1 grüne Paprika, gehackt
- 1 Jalapeño-Pfeffer, gehackt
- 2 ½ Tassen Champignons, in Scheiben geschnitten
- 1 ½ Tassen Gemüsebrühe
- 2 Tomaten, gehackt
- 2 Thymianzweige, gehackt
- 1 Rosmarinzweig, gehackt
- 2 Lorbeerblätter
- ½ Teelöffel Salz
- ¼ Teelöffel gemahlener schwarzer Pfeffer
- 2 Esslöffel Essig

ANWEISUNGEN:
a) Stellen Sie einen Topf auf mittlere Hitze und erwärmen Sie das Öl.
b) Knoblauch und Lauch hinzufügen und anbraten, bis sie weich und durchscheinend sind.
c) Fügen Sie schwarzen Pfeffer, Sellerie, Pilze und Karotten hinzu.
d) Unter Rühren 12 Minuten kochen lassen; Einen Schuss Gemüsebrühe einrühren, um sicherzustellen, dass nichts anbrennt.
e) Restliche Zutaten unterrühren.
f) Stellen Sie die Hitze auf mittel; 25 bis 35 Minuten köcheln lassen oder bis alles gar ist.
g) Auf einzelne Schüsseln verteilen und warm servieren.

90. Blumenkohlsuppe

Macht: 4

ZUTATEN:
- 2 Esslöffel Olivenöl
- 1 Teelöffel Knoblauch, gehackt
- 1 Pfund Blumenkohl, in Röschen geschnitten
- 1 Tasse Grünkohl, gehackt
- 4 Tassen Gemüsebrühe
- ½ Tasse Mandelmilch
- ½ Teelöffel Salz
- ½ Teelöffel rote Paprikaflocken
- 1 Esslöffel frisch gehackte Petersilie

ANWEISUNGEN:
a) Stellen Sie einen Topf auf mittlere Hitze und erhitzen Sie das Öl.
b) Knoblauch und Zwiebeln hinzufügen und anbraten, bis sie braun und weich sind.
c) In Gemüsebrühe, Grünkohl und Blumenkohl geben; 10 Minuten kochen lassen, bis die Mischung kocht.
d) Pfefferflocken, Salz und Mandelmilch einrühren; Reduzieren Sie die Hitze und lassen Sie die Suppe 5 Minuten köcheln.
e) Geben Sie die Suppe in einen Stabmixer und mixen Sie sie, bis die gewünschte Konsistenz erreicht ist. Mit Petersilie belegen und sofort servieren.

NACHTISCH

91. Chia-Pudding

Macht: 2

ZUTATEN:
- 4 Esslöffel Chiasamen
- 1 Tasse ungesüßte Kokosmilch
- ½ Tasse Himbeeren

ANWEISUNGEN:
a) Himbeer- und Kokosmilch in einen Mixer geben und glatt rühren.
b) Gießen Sie die Mischung in das Glas.
c) Chiasamen in ein Glas geben und gut umrühren.
d) Das Glas mit einem Deckel verschließen, gut schütteln und für 3 Stunden in den Kühlschrank stellen.
e) Gekühlt servieren und genießen.

92. Limetten-Avocado-Pudding

Macht: 9

ZUTATEN:
- 2 reife Avocados, entkernt und in Stücke geschnitten
- 1 Esslöffel frischer Limettensaft
- 14 oz Dose Kokosmilch
- 2 Teelöffel flüssiges Stevia
- 2 Teelöffel Vanille

ANWEISUNGEN:
a) Alle Zutaten hinzufügen und glatt rühren.
b) Aufschlag.

93. Brownie-Häppchen

Macht: 13

ZUTATEN:
- ¼ Tasse ungesüßte Schokoladenstückchen
- ¼ Tasse ungesüßtes Kakaopulver
- 1 Tasse Pekannüsse, gehackt (½ mager)
- ½ Tasse Mandelbutter
- ½ Teelöffel Vanille
- ¼ Tasse Mönchsfruchtsüßstoff
- ⅛ Teelöffel rosa Salz

ANWEISUNGEN:
a) Pekannüsse, Süßungsmittel, Vanille, Mandelbutter, Kakaopulver und Salz in die Küchenmaschine geben und gut vermischen.
b) Die Brownie-Mischung in die große Schüssel geben. Schokoladenstückchen hinzufügen und gut unterheben.
c) Aus der Brownie-Mischung kleine runde Kugeln formen und auf ein Backblech legen.
d) Für 20 Minuten in den Gefrierschrank stellen.

94. Kürbisbällchen

Macht: 18

ZUTATEN:
- 1 Tasse Mandelbutter
- 5 Tropfen flüssiges Stevia
- 2 Esslöffel Kokosmehl
- 2 Esslöffel Kürbispüree
- 1 Teelöffel Kürbiskuchengewürz

ANWEISUNGEN:
a) Kürbispüree in einer großen Schüssel mit Mandelbutter vermischen, bis alles gut vermischt ist.
b) Flüssiges Stevia, Kürbiskuchengewürz und Kokosmehl hinzufügen und gut vermischen.
c) Aus der Masse kleine Kugeln formen und auf ein Backblech legen.
d) Für 1 Stunde in den Gefrierschrank stellen.

95. Schokoladen-Nuss-Cluster

Macht: 25

ZUTATEN:
- 9 Unzen zuckerfreie dunkle Schokoladenstückchen
- ¼ Tasse unraffiniertes Kokosöl
- 2 Tassen gesalzene gemischte Nüsse

ANWEISUNGEN:
a) Ein umrandetes Backblech mit Backpapier oder einer Silikon-Backmatte auslegen.
b) In eine mikrowellengeeignete Schüssel ein Stück Schokoladenstückchen und Kokosöl geben und in die Mikrowelle stellen, bis die Schokolade geschmolzen ist.
c) Zum Mischen einen Spatel verwenden. Lassen Sie es vor der Verwendung möglichst etwas abkühlen.
d) Mischen, bis alle Nüsse mit der Schokolade bedeckt sind.
e) Geben Sie einen großen Löffel der Kombination auf das vorbereitete Backblech.
f) Bewahren Sie Reste bis zu drei Wochen im Kühlschrank auf.

96. Kakao-Kokosbutter-Fettbomben

Macht: 12

ZUTATEN:
- 1 Tasse Kokosöl
- ½ Tasse ungesalzene Butter
- 6 Esslöffel ungesüßtes Kakaopulver
- 15 Tropfen flüssiges Stevia
- ½ Tasse Kokosbutter

ANWEISUNGEN:
a) Butter, Kokosöl, Kakaopulver und Stevia in einen Topf geben und bei schwacher Hitze unter häufigem Rühren kochen, bis es geschmolzen ist.
b) Kokosnussbutter in einem anderen Topf bei schwacher Hitze schmelzen.
c) Gießen Sie 2 Esslöffel Kakaomischung in jede Vertiefung einer 12-Tassen-Silikonform.
d) In jede Vertiefung 1 Esslöffel geschmolzene Kokosnussbutter geben.
e) Etwa 30 Minuten lang in den Gefrierschrank stellen, bis es hart ist.

97. Blaubeer-Zitronen-Kuchen

Macht: 4

ZUTATEN:
FÜR DEN KUCHEN:
- ⅔ Tasse Mandelmehl
- 5 Eier
- ⅓ Tasse Mandelmilch, ungesüßt
- ¼ Tasse Erythrit
- 2 Teelöffel Vanilleextrakt
- Saft von 2 Zitronen
- 1 Teelöffel Zitronenschale
- ½ Teelöffel Backpulver
- Prise Salz
- ½ Tasse frische Blaubeeren (½ mager)
- 2 Esslöffel Butter, geschmolzen

FÜR DEN Zuckerguss:
- ½ Tasse Sahne
- Saft von 1 Zitrone
- ⅛ Tasse Erythrit

ANWEISUNGEN:
a) Den Ofen auf 350F vorheizen
b) Mandelmehl, Eier und Mandelmilch in eine Schüssel geben und gut verrühren, bis eine glatte Masse entsteht.
c) Fügen Sie Erythrit, eine Prise Salz, Backpulver, Zitronenschale, Zitronensaft und Vanilleextrakt hinzu. Gut mischen und kombinieren.
d) Die Blaubeeren unterheben.
e) Mit der Butter die Springform einfetten.
f) Den Teig in die gefetteten Formen füllen. Zum gleichmäßigen Backen auf ein Backblech legen. Zum Backen in den Ofen geben, bis es in der Mitte durchgebacken und an der Oberseite leicht gebräunt ist (ca. 35 bis 40 Minuten).
g) Vor dem Herausnehmen aus der Pfanne abkühlen lassen. Erythrit, Zitronensaft und Sahne verrühren. Gut mischen.
h) Den Zuckerguss darüber gießen. Aufschlag.

98. Schoko-Mandelrinde

Macht: 10

ZUTATEN:
- ½ Tasse geröstete Mandeln, gehackt
- ½ Tasse Butter
- 10 Tropfen Stevia
- ¼ Teelöffel Salz
- ½ Tasse ungesüßte Kokosflocken 9⅛ Gewürz)
- 4 Unzen dunkle Schokolade

ANWEISUNGEN:
a) Butter und Schokolade 90 Sekunden lang in der Mikrowelle erhitzen.
b) Nehmen Sie es heraus und rühren Sie Stevia ein.
c) Bereiten Sie ein Backblech mit Wachspapier vor und verteilen Sie die Schokolade gleichmäßig.
d) Mandeln und Kokosraspeln darüber streuen und mit Salz bestreuen.
e) 60 Minuten kalt stellen.

99. Belebendes Mousse

Macht: 2

ZUTATEN:
- 1 Päckchen Optavia heißer Kakao
- ½ Tasse zuckerfreie Gelatine
- 1 Esslöffel heller Frischkäse
- 2 Esslöffel kaltes Wasser
- ¼ Tasse zerstoßenes Eis

ANWEISUNGEN:
a) Alle Zutaten in einen Mixer geben.
b) Pulsieren, bis eine glatte Masse entsteht.
c) In ein Glas füllen und zum Festwerden in den Kühlschrank stellen.
d) Gekühlt servieren.

100. Gefüllte Avocado

Macht: 2

ZUTATEN:
- 1 Avocado, halbiert und entkernt
- 10 Unzen Thunfisch aus der Dose, abgetropft
- 2 Esslöffel sonnengetrocknete Tomaten, gehackt
- 1 und ½ Esslöffel Basilikumpesto
- 2 Esslöffel schwarze Oliven, entkernt und gehackt
- Salz und schwarzer Pfeffer nach Geschmack
- 2 Teelöffel Pinienkerne, geröstet und gehackt
- 1 Esslöffel Basilikum, gehackt

ANWEISUNGEN:

a) Den Thunfisch mit den sonnengetrockneten Tomaten und den restlichen Zutaten außer der Avocado in einer Schüssel vermengen und umrühren.

b) Die Avocadohälften mit der Thunfischmischung füllen und als Vorspeise servieren.

ABSCHLUSS

Zum Abschluss unserer Reise durch „Das komplette getreidefreie Kochbuch" hoffen wir, dass Sie die Freuden getreidefreier Ernährung entdeckt und die positiven Auswirkungen erfahren haben, die sie auf Ihre Gesundheit und Ihr Wohlbefinden haben kann. Jedes Rezept, das Sie zubereitet haben, war ein Schritt in Richtung eines lebendigen, getreidefreien Lebensstils.

Wir ermutigen Sie, diesen Weg weiter zu erkunden, mit Aromen zu experimentieren und Ihre getreidefreien Gerichte an Ihre Vorlieben anzupassen. Mit Kreativität in der Küche und einem Fokus auf gesunde, nährstoffreiche Zutaten können Sie getreidefreies Essen zu einem dauerhaften und genussvollen Teil Ihres Lebens machen.

Vielen Dank, dass Sie uns an Ihrem kulinarischen Abenteuer teilhaben lassen. Möge Ihre Reise voller Vitalität, Zufriedenheit und dem köstlichen Geschmack lebendiger Gesundheit sein, während Sie weiterhin diese nährstoffreichen, getreidefreien Gerichte genießen. Auf eine Zukunft mit geschmackvollem, getreidefreiem Essen!

www.ingramcontent.com/pod-product-compliance
Lightning Source LLC
Chambersburg PA
CBHW071907110526
44591CB00011B/1578